指示の技術

子どもの聞く力、
行動する力を育てる！

土居 正博

学陽書房

はじめに

本書は、教師の「指示」に焦点を当てた本です。

本書では、指示に関して二つのことを述べていきたいと思います。

一つは、指示の基本についてです。教師にとって、しっかりとした指示を出せることは非常に重要です。指示が上手な教師の教室はなかなか荒れません。教師として子ども達を指導していく上で欠かせない資質の一つです。むしろ、これが欠けていると教師自身も学級運営に苦労することになります。ですから、これまでの先人が論じてきたことも踏まえつつ、私の実践を踏まえて指示の基本を紹介したいと思います（1章）。

もう一つは、指示で子どもを伸ばすことについてです。しっかりとした指示を出すことは、今までもいくつかの教育書で論じられてきました。しかし、管見の限り、それらは「このように指示をすればうまく子どもを動かせる」というようなものであったと思います。本書では、「子どもを動かす」ということ自体は否定しませんし、それなしに学校教育を進めていくのは無理だという立場をとります。ですが、しっかりとした指示を出して子どもを動かすということだけでは不十分だと私は考えています。指示を通して子どもを育て、伸ばしていくという方法についても論じていきたいと思います（2章以降）。

「指示」と聞いて、どのようなことを思い浮かべるでしょうか。

「教師が子どもを動かす」「教師が子どもに一方的に与えるもの」、はたまた「指示待ち人間」などなど、あまり良くないイメージを思い浮かべる方が多いのではないでしょうか。

私も教師になろうと勉強していた学生時代や、教師になりたての初任者時代は、漠然とそのように考えていました。

確かに、指示は教師が子どもに対して出し、子どもを動かすものですし、指示なしでは動けない受動的な人間を育ててしまってはいけません。

しかし、よくよくこれまでの教師としての生活を振り返ってみると、教師として指示を出さなかった日はありませんでした。

思えば、初めて教壇に立った日、最も困ったのは「指示の出し方」についてでした。

初日から、学級担任として子どもを動かさなくてはいけないにもかかわらず、どのように話したらいいかわからなかったのです。

子ども達に伝えたいことがなかなか伝わらなくて非常に困りました。

初任者時代、こちらの指示が良くないと、明らかに子ども達が落ち着かず、「これではクラスが荒れてしまうな」という思いを持ちました。指示の重要性を痛感しました。

そもそも、全く指示をしないという教師はいないはずです。年度初めから教師からの指示がゼロで、すべての学校生活が成り立つようなクラスなど存在しないでしょう。

むしろ、しっかりとした指示を出せるということは、「主体的な」学習者を育てることが求められる昨今においても、欠かせない教師の資質です。

ですが、先述のように指示に対しては良くないイメージを持ちがちなので、何となく敬遠されているのではないでしょうか。

特に若手教師にとって、きちっと指示を出していけることは、教師として成長していく上で非常に重要です。本書がその助けになれればうれしいです。

そして、指示の基本を押さえた上で、本書で主張していきたいのは**「指示を通して子どもを自立させる」ということです。**指示は授業中に限らず、学校教育において最も多く教師が発する言葉とも言えます。そのような重要な言葉が「何となく」発せられていたり、「子どもを動かすため」だけに発せられていたりしたら、それは非常にもったいないことですし、危険なことでもあります。

指示がうまく機能していたとしても、つまり子どもが動いていたとしても、教師がそれで満足してしまっていたら、場合によっては指示がないと動けない子ども達、指示待ち人間に育ててしまうかもしれません。

ですから、教師はしっかりとした指示を出せるようになり、子どもを動かせるようになったとしてもそれで満足せず、子どもが自分で考えて動けるように、自立させていくことも考えていかなくてはいけないのです。

そのためには、簡単に言えば「指示を減らしたりなくしたりする」ことが必要なのです。

指示について扱った本なのに、その指示をなくしていくとはどういうことだろう、と思われるかもしれませんが、指示の本質は「指示がなくても子どもが自分から動けるようにすること」「自分で考える力をつけていくこと」にあると私は思っています。ですから、最終的には「指示をなくす」ということを目指して指導していくことが重要です。

ただし、「指示をなくす」ことはなかなか簡単なことではありません。効果的な指示は子どもをしっかり動かせるため、その状況に教師は満足しがちです。その指示から離れられなくなるのです。例えば「おへそをこちらに向けなさい。」という向山洋一先生の有名な指示があります。これ自体は非常に効果的な優れた指示です。しかし、いくら効果的だからと言っても、これを一年中ずっと使い続けるのはいかがでしょうか。わざわざ、このように指示しないと話を聞けない子を育ててしまっていると言えます。

つまり、指示をする側の教師には、**しっかりとしたわかりやすい指示をする技術と、指示をしながらもその指示をなくしていくために子どもを育てる技術が必要とされているということです。**本書では、指示を減らしたりなくしたりして、子どもを自立させていく方法について、詳しく述べていきます。

指示は単純に見えて非常に奥が深いです。本書が、その指示について先生方が見つめ直すきっかけになれば幸いです。

土居　正博

もくじ『子どもの聞く力、行動する力を育てる！　指示の技術』

第1章　子どもに「伝わる」指示の基本

第2章 子どもを「動かす」指示 ―聞く力を育てる

第3章 子どもが「動く」指示 ―考える力、行動する力を育てる

第4章 さらに子どもを自立に導く指示

第5章 具体的な場面でわかる！ 指示の出し方

第1章

子どもに「伝わる」指示の基本

1 指示は教師の生命線だ！

☑ 指示とは何か

学校は、子ども達の行動や活動の連続で成り立っています。

登校をして、あいさつをして、ランドセルをしまい、朝の会をして、授業の準備をして、ノートに自分の考えを書いて……。

このように子どもは学校でたくさんの行動や活動をしており、その行動や活動自体が学校生活であり、教育活動でもあります。

子どもの行動や活動で学校教育は成り立っていると言っても過言ではありません。

指示は、教師が子どもにしてほしい行動や活動を伝えるための指導言です。

指導言とは教師が指導の際に使用する言葉で、発問・指示・説明の三つがあるとされています。

例えば、授業中の教師の指導言を思い浮かべてみましょう。

「このときのごんはどんな気持ちですか。」（発問）
「ごんの気持ちをノートに書きましょう。」（指示）
「ノートに書いたことを発表してください。」（指示）
「ごんは、兵十に親しみの気持ちを持っていたのですね。」（説明）

ものすごく簡略化しましたが、授業はこのような具合で進んでいきます。

これを見ておわかりのように、**指示は、子どもに一番ダイレクトに作用する指導言です。**

発問で課題意識を醸成したところで、指示がなければ子どもは何をどうしたらいいかわかりません。

ノートに書かせたことを実際に発表するという行動や活動をさせなければ、子ども達の考えを共有することはできず、それを受けての教師の説明もすることができません。

教師の指導言の中では、どうしても「発問」が注目されがちです。

私自身、発問について熟考することこそ、子ども達の授業への意欲を喚起し、思考を促すと考えていました。

しかし、実際にはいくら発問が良くても、子ども達にどのように行動や活動をしたらよいか伝えられなければ、良い授業にはなり得ません。子どもが何をしたらいいかわからないからです。

つまり、指示がなければ、子どもの行動を促すことはできず、授業は進んでいかないのです。

☑ 指示は授業外でも　―指示に力を入れることの重要性―

指示が用いられるのは授業中だけではありません。

学校生活を進めていく上で、指示は教師から子どもへと無数に出されています。

「朝の支度をしましょう。」
「朝の会を始めましょう。」
「授業の準備をしましょう。」
「給食の準備をしましょう。」
「廊下に二列で並びましょう。」

このように見ていくと、授業のみならず子ども達の学校生活における行動や活動を促しているのは指示だということになります。

学校は子ども達の行動や活動で成り立っていると述べましたが、その子ども達の行動や活動をつくるのが、主に指示だとするとその重要性に改めて気付かされます。

発問と説明（特に発問）が授業中に用いられるのに対し、指示は授業中だけでなく、学級経営を進めていく上でも、子ども達の学校生活を進めていく上でも用いられます。

教師は発問に力を入れがちだと述べましたが、私は初任者を含めた若手教師がまず力を入れるべきは指示だと考えています。

これまで述べてきたように、指示は授業中でも最もダイレクトに子どもの行動や活動に作用する指導言ですし、授業外でも多く用いられる指導言ですから、教師にとって指導の生命線とも言えるからです。

また、学校が子どもの行動や活動で成り立っている以上、年度初めから指示なしということはありません。まずは、子どもがどのように動いたらよいかわかりやすい指示を出せるようになることは、教師にとって必要不可欠な資質の一つなのです。

なおかつ発問研究などと比べると指示研究は若手でもすぐに取り組みやすく、教室で毎日使うことが多いので、その効果も実感しやすいというメリットもあります。

発問研究は、どうしても教材研究や指導法研究など教科の専門性が必要とされるなど、一定の知識が必要となります。非常に難しい領域です。使える範囲も一時間の授業単位に限られてしまいます。

一方、指示研究は、発問研究と比べれば高度な知識は必要ありません。

しかも毎日、授業か授業外かを問わず使う指示は、高めれば高めるほどその効果を毎日実感することもできます。

若手はまず、自身の指示の技術を高めていくようにしましょう。

2 まず基本を押さえる！ ただし、それだけで満足してはいけない！

☑ 指示の最終目標は「子どもの自立」である

指示の最終目標は「子どもの自立」です。

子どもが自分で考え、自分から動けるようになることです。

これは、先に述べた指示の定義である「指示とは、教師が子どもにしてほしい行動や活動を伝えること」というものと一見矛盾するようです。

指示とは、一方的に教師が子どもに与え、子どもはその通りに動くというイメージを持たれる先生方が多いと思います。

確かに、そのような側面もあります。

先述のように学校は子どもの行動で成り立っており、子どもの行動を促すのが、指示です。

指示を出して子ども達を動かしていかなくては、学校生活など成り立ちません。

しかし、だからと言ってずっと教師が指示を出して子どもを動かしていては、子どもが成長したとは言えないことは自明のことです。

ということは、教師は指示をうまく出し、子どもを動かし、学校生活を進めていきつつ、子ども達が自分で考えて動けるようにもしていかなくてはいけないのです。

ここが多くの教師に抜けがちな視点なのです。

確かに、子どもに響く指示というものがあります。

大切なことは、うまい指示が出せて子どもを「動かせる」ことだけで教師は満足せず、子どもが「自ら動く」にはどうしたらよいか、ということも常に考えていくことなのです。

指示は、子どもが行動や活動をするためのものです。

この事実は変わりません。

教師が変えるべきは、指導観です。

指示は、子どもを教師の意図で「動かす」ために必要とされるものですが、同時にそれが必要とされなくなるように指導していくことが求められるのです。

初任者の学級崩壊の多くは指示の下手さから？

まず何より重要なのは、指示の基本を身につけることです。

基本がなければ応用がききません。

また、指示の基本を身につけていなければ、子どもにしてほしい行動が伝わらず、クラス全体が落ち着かなくなっていきます。

初任者の多くは学級崩壊をさせてしまう、と言われて久しいですが、私が思うに初任者のクラスで起こる荒れの多くは指示の下手さからきています。

年度初めはほとんどの子どもが新しい先生の話を聞こうとするものです。

中には、最初から全く耳を貸さない「手ごわい子」がいることもしばしばありますが、初任者のクラスには少ないでしょうし、一人や二人によって学級全体が崩壊するということはあり得ません。

問題は、教師の指示がわかりにくいことが続くと、教師の言うことをしっかり聞こうとしてくれている「ほとんどの子」が教師の話に耳を傾けなくなってしまうことです。

先生の言うことを聞こうとしているのだけれど、どう動いたらよいかわからない、わからないから動けない……このような状況が続くと、やがて子どもは「どうせ聞いたってよくわからない」と教師の指示を軽んじ始めます。

それが徐々に、ときには一気に、クラス全体に広がってしまうと、もう教師の指示は全く通りません。学級崩壊です。

学級崩壊とは、授業が成立しなくなった状態のことと一般的に言われますが、具体的に言えば教師の指示が通らなくなった時とも言えるでしょう。

初任者が起こす学級崩壊は授業が下手だからではなく、本当は指示に原因があるのだと思います。

授業が下手で学級崩壊するのであれば、初任者のクラスだけでなく日本中が学級崩壊だらけになってしまいます。授業はそれだけ難しいからです。

教材研究が浅くて良い発問ができない、子ども達から出された意見をうまくさばけない、子どもが納得しやすい説明ができない……。

一般的に「授業が下手」というとこれらが思い浮かびます。

しかし、これらが原因で授業がうまくいかないことはあっても、学級崩壊してしまうことはほとんどありません。

これらができない、あるいはうまくいかないのは初任者だけでなく、中堅・ベテランの多くも同様だからです。

何を隠そう私自身も、発問や子ども達の話し合いを深めることやわかりやすい説明をすることがうまくできなくて苦労している日々です。

ですが、子ども達が私の指示を聞かなくなるほど学級崩壊してしまったことはありません。

それは、指示が明確でわかりやすいからです。

授業が面白い、子どもが学習に対してやる気を出すという要素は、すべて「指示がわかりやすく、子どもが何をしたらよいかわかる」という最低限のことの上にのってくる、プラス要素です。

学校は子どもの活動で成り立っていますから、子どもが「動いてナンボ」なのです。

初任者を含めた、若手教師は、まずは指示の基本を押さえて、しっかり子どもを動かせるようになりましょう。

「自立」へと育てる

ある程度指示が上手に出せるようになってくると、子どもがパッと動くようになっていきます。文字通り、「パッ」と音がするように子どもが動き始めるのです。

重要なのは、それで教師が満足しないことです。

指示のゴールは、ひいては教育のゴールは、子どもの「自立」です。

子ども達が自分で考えて自分から行動できるようにしていくことです。

教師がいつまでも指示を出して子どもを動かしているようでは、教師の自己満足と言わざるを得ません。

ではどうすればよいのでしょうか。

それは、指示を段階的になくしていくことです。

今までは「教科書を出しましょう。○ページを開きましょう。○番を指で押さえましょう。」と指示をして子どもを動かしていたところを、子ども達が自分で今日はどのページ、どこをやるのかを予想し、自ら教科書を開いているようにしていくのです。

例えば、昨年度の私のクラスの子ども達は算数の時間の前になると「今日はここだな！」と子ども達同士で話して、教科書のページを開き、その日に取り組む問題をノートに写していました。国語の授業の時も同様です。ノートに題名や筆者、めあてを書くスペースまで書き終えて授業に臨もうとしている子どもが多くいました。

先述の、指示を出して子ども達を動かしているのとは大違いです。

昨年度はここまで育てて一年間を終えてしまいましたが、さらにこの先には、自分達でその日の授業のめあてをつくって授業を始めてしまう、という究極の段階もあるでしょう。

子どもが自立するというのはそういうことです。

指示の基本に必要なのは知識と技術です。

一方、指示をなくしていくのに必要なのは教師のビジョンです。育てたい子ども像です。

3 指示の基本①
一つの指示で一つの行動（一時一事）

それでは、ここからは指示の基本を押さえていきましょう。

まず何よりも欠かせないのは、一つの指示で一つの行動にする、ということです。

これは、向山洋一先生により「一時一事の原則」という言葉で提唱されていることと同義です。

一つの指示の中に、子どもがすべき行動を一つにすることが基本中の基本です。

例えば、次の指示は一つの指示で三つの行動が示されています。

「算数の教科書を出して、○ページを開いて、×番を見ましょう。」

そうではなく、

「算数の教科書を出します。」

「○ページを開きます。」

「×番を見ます。」

と分けて、一つの指示で一つの行動にしていきます。

そうすることで、子ども達は「自分が今すべき行動」を明確に理解できます。

☑ なぜ「一つの指示で一つの行動」が重要なのか

子どもは、いっぺんにたくさんのことを言われると忘れてしまい、その通りに動けなくなります。大人でも、一気にたくさんのことを言われるとわからなくなるものです。

想像してみてください。

例えば、職員研修などで、

「ＰＣの電源をつけて、ＩＤとパスワードを入れてログインして、Ｗｏｒｄの新規作成ファイルを開いて、余白をやや狭いにしてお待ちください。」

と指示されたとして、職員全員が、周りの誰にも「次、何するんだっけ？」などと助けを借りずに指示された通りできるでしょうか。

恐らく無理ですよね。

このような場合、大人であれば小さい声で周りに聞くなどして、適切に対処できます。

しかし、子ども達の場合、とりわけ子ども同士の関係性も構築されていない頃では、まず間違いなくザワザワします。

子どもによっては「わかんないよ！」とパニックを起こしたり、全く指示についてこようとしなかったりする子も出てくるでしょう。

そうしてクラスが騒がしくなって焦った教師は「うるさい！」と怒鳴り、雰囲気を悪くします。指示が悪い→子どもが騒がしくなる→叱責……という悪循環に陥ります。

反対に、指示を細かくすれば、子どももわかりやすく、指示通り動けます。それを見て教師はほめることで、子どもはさらにやる気を出し、教室全体も良い雰囲気になります。

一つの指示で一つの行動を示す→子どもが動ける→それを見て教師がほめる……という良いサイクルができ上がります。

特に初任者や若手教師はこの良いサイクルをベースにクラスをつくるべきです。誰にでもできる汎用性のある方法だと思うからです。

☑ 一つの指示で一つの行動にするポイント

それでは具体的にどのようなことを意識していけばよいのでしょう。

それは、細かすぎるかな、と思うくらい細かく区切ることです。

そのためには、**話す時に「句点（。）」を多くするイメージを持つ**とうまくいきます。

「読点（、）」ではダメです。△△して、○○して、××して……」といった具合に長い指示になりがちだからです。

また、あらかじめどのような行動をしてほしいのか明確にしておきます。

そして、そこから逆算して、行動を区切っていきます。明確でないのに見切り発車で話し始めると思いつきで指示を足していってしまい、結果的に長い指示になりがちです。

✕　一つの指示で複数の行動

子どもが混乱していて、
教師もよくわからなくなってしまう…

○　一つの指示で一つの行動

子どもがテキパキ行動でき、
教師はそれをほめることができる

ポイント

句点を多くする意識を持つとうまくいく！

4 指示の基本②
端的に、具体的に出す

次に指示の基本として欠かせないのが「端的に、具体的に出す」ということです。

「端的に」とは、短くはっきりと言う「言い方」のことです。

「具体的に」とは、量、時間、数字などの「内容」のことです。

どちらかが欠けてもよくありません。どちらも備わって、初めてわかりやすい指示になります。

☑ なぜ「端的」「具体的」が重要なのか

下手な指示と聞いて、どのような指示が思い浮かぶでしょうか。

指示が下手ということを意味する言葉で、教育界でよく使われるのは「指示があいまい」という言葉です。先輩教師が後輩教師に指導する際や研究授業後の協議会の際などに、「指示があいまい」とダメ出しされるのを何度も目にしてきました。また、初任者や若手教師の授業や全体指導を見ていて、「指示があいまいだなぁ」と思うことが多々あります。

このように、下手な指示の代表例が「あいまいな指示」です。例えば、次のようなものは「指示があいまい」な例です。

①えーっと、のりを机の上に出して……あ、やっぱりセロハンテープにしようかな、……あ、でもやっぱりのりでいいです。
②理科の教科書○ページを見てください。上のほうを見てください。あ、写真です。それを見てください。
③どこでもいいので名前を書いておいてください。
④紙をこれくらい切ります。

これらの指示では子どもは困ってしまいます。せっかく先生の話すことをしっかり聞こうと思っていても聞いているうちによくわからなくなってしまいます。

そのうち子どもは聞いてくれなくなります。

このような「あいまいな指示」の反対が「端的で具体的な指示」です。

「あいまいな指示」には二要素あります。

一つが「言い方」で、もう一つが「内容」です。

これらのうち、どちらかが「あいまい」になると、指示全体があいまいになってしまいます。

指示があいまいだと子どもはどう動いたらよいかわかりません。

「二つの指示に複数の行動」の指示では、子どもは忘れてしまって動けないのに対し、「あいまいな指示」では、言われたことは忘れず覚えていても、実際にどのような順番で動いたらよいかわからないという状態に陥ります。

これでは、子どもがより「歯がゆい」思いをするに違いありません。

先生が言っていることはよく聞いていた。でもどうしたらよいかわからないのですから……。

☑「端的」で「具体的」な指示にするポイント

「あいまいな指示」を正すには「言い方」と「内容」の二つの方向からのアプローチが必要です。

それが、「端的に（言い方）、具体的に（内容）」なのです。

前者は「短く言い切ること」、後者は「客観的な基準（数字など）を出すこと」がポイントです。

例に挙げた四つの「あいまいな指示」の例のうち、①と②は「言い方」があいまいな例です。

これらの場合は「端的に」を意識し、「言い切る」ようにしましょう。「のりを机の上に出します。」「教科書○ページを開きます。右上の写真を指で押さえましょう。」などとはっきりと言い切ることが大切です。

③と④は「内容」があいまいな例です。

これらの場合は「具体的に」を意識する必要があります。なるべく主観的な基準（しっかり、はっきり、大きく）を排し、客観的な基準（量、時間、長さ、場所など）を示すようにしましょう。「紙の右上に名前を書きましょう。」「紙を5センチごとに切ります。」などと、誰が聞いても同じイメージになるように、客観的な基準を示していくことが大切です。

✕ 言い方も内容も「あいまいな指示」

子どもはどう動いてよいかわからず困ってしまう

○ 端的で具体的な指示

子どもが迷いなく行動できる

ポイント

言い切ることと客観的な基準を示すこと

5 指示の基本③ 行動の終わりまで示す

指示は、行動の終わりまでを示すのが基本です。

終わりを示さないと、一つ前の指示がせっかく良くても、すべてが台無しになる可能性が高いです。

特に、活動時間が長い場合は、必ず活動の終わりまで示してから、子ども達を動かすクセをつけましょう。

☑ なぜ「終わりまで示す」のが重要なのか

教師の指示が伝わり、子どもがその通りに動けても、問題が生じることがあります。

それは、「時間差」です。

「教科書を出しましょう。」など、子どもの活動時間が短い指示の場合、教師が指示を出してから子どもが活動を終えるまでの時間差はほとんどありません（ただし、例外はあります。個人的見解としては、学力など能力が著しく低い子の場合、これだけでもかなり遅れます）。

一方、「ノートに自分の考えを書きましょう。」「イラストを描きましょう。」などの子どもの活動時間が長い指示の場合、時間差がどうしても出てきます。

こうした時に、指示を出しておかないと、終わった子ども達は手持ち無沙汰になってしまいます。

暇になった子ども達はどうするでしょうか。

自分でやるべきことを見つけて、それに取り組んでくれるでしょうか。

もちろん、そのように子ども達を育てることは可能です。

しかし、若手の教師にはなかなか難しいことですし、リスクが伴います。

多くの子どもは終わったら暇になり、何をしたらよいかわからなくなります。

「先生、終わったので何をすればいいのですか？」と聞きに来てくれればまだ良いほうで、下手したら「言われたことを終えたのだから」と平気で遊び始める子もいるかもしれません。

これでは、指示が伝わらなくてザワザワしている状態をつくり出してしまうことになります。

一つ前の指示は伝わっていて、確実に子どもは動けていたとしても、です。

そこで、ある程度活動時間が長い場合は、活動の終わりまでも指示で示すことが重要です。

「終わった人は、ドリルの○ページをやりましょう。」

「終わった人は、読書をしていましょう。」

「終わった人は、わからなくて困っている人を探して声をかけましょう。」

指示にこれらを足すだけで、活動を終えた子ども達は、安心して次の行動に移ることができます。

子ども達がザワザワしてしまうのは、決してふざけていることだけが理由ではありません。不安なのです。何をしたらいいかわからないのが不安で、友達に聞いたり、独り言を大きく言ったりしているのです。

シーンと静かに取り組むべき時に子ども達がザワザワすると、教師も不安になってきます。「このクラス、この先大丈夫かな。」と。その不安から大きな声で叱責するなどしてしまいます。子ども達も不安なのです。「不安×不安」の負の連鎖を断ち切る必要があります。

そのためのカギが活動の終わりまで示す「指示」です。

☑「終わりまで示す」ポイント

まずは、あらかじめ活動時間を教師が予測しておくことです。

おそらく早めに終わる子が多いな、と予測される指示には必ず「終わりまで示す」ことをクセづけましょう。

とにかく、**「終わった人は……」を口グセにすることがポイントです。**

ゆくゆくは、クラスの決め事として指示された活動が終わった子は何をしているかを決めるとよいでしょう。

そうすれば、わざわざ指示を出さなくてもよくなります。

実は、これは本書で掲げる「自立」への一歩です。ここに、重要なエッセンスがあります。

それはまた後に詳述します。

✕ 終わった子に何をするか示さない

終わった子がさわいだり、
質問に来たりしてザワザワしてしまう…

○ 終わりまで明確に示す

終わった子は静かに、指示されたことができる

ポイント

「終わった人は……」をログセにする！

6 指示の基本④ 指示が伝わっているか確認する

指示は、子どもに一方的に伝えるだけでは十分ではありません。

子どもが、指示を聞いていたか、理解しているかを確認するのが基本です。

指示がうまくない教師は、これを忘れがちです。

なぜ「指示の確認」が重要なのか

それでは、なぜ確認が重要なのでしょうか。

指示の確認は、子どものためと教師のため、双方のために必要です。

まず、子どものためになる理由は、確認することでより理解が深まるからです。

子どもは、話を聞いているだけでわかった気になることが多くあります。また、静かに聞いていても、すぐには動けないこともあります。

そのようなときに、確認することで子どもの理解を深めることができます。中には、「あ、なんだ。

先生の言っていることはそういうことだったのか。」と再確認する子もいます。

つまり、指示を出しただけで、「はい、じゃあ動きなさい。」でパッと動くというのは、実はかなり難しいことだということです。

そのため、初めのうちは必ず確認を入れるようにします。

そうすることで、いざ動き始める時にわからなかったり、周りの様子をうかがったりすることが少なくなります。

後述しますが、指示で子どもを育てていく上で重要なのは、「指示を出した後、パッと動ける」ようにしていくことです。

確認を入れることで子どもも自信を持って動くことができ、結果的に行動のスピードが増します。

次に、教師にとっても確認がためになる理由は、子どもにどれだけ指示が伝わっているか把握できるからです。

一回の指示でほとんど全員に伝わっていることもあれば、多くの子に伝わっていないこともあるでしょう。

前者の場合であれば、すぐに子どもを動かしてしまってよいでしょう。

しかし、後者の場合、もう一度全員がわかるように伝える必要があります。なぜなら、子ども達を動かし始めてから、もう一度伝えようとしてもそれは難しいからです。

ですから、指示が伝わっていない場合は、子どもを動かす前にもう一度伝え直すことが鉄則です。

そのために、確認をして子どもにどれだけ伝わっているかを把握する必要があるのです。

また、子どもに指示がどれくらい伝わっているかを把握することで、自分の指示を振り返ることができます。

自分の指示を振り返って、「なるほど、こういう言い方だと伝わりにくいんだな。」とか「少し具体的ではなかったかな。」などと反省し、次に生かすことができます。

教師の指示を磨いていくためにも、初めのうちは確認を入れるようにしましょう。

☑「確認」のポイント

指示が伝わっているかどうかの確認は、「子どもに自分の言葉で話させる」ことで行います。


例えば、指示を終えた後に「ではこれからすることを隣の人と話して。」とか「先生が言ったこと三つわかる人？」などと子どもに話させる機会をつくることです。

そうすると、子どもは話を聞いて理解したことを自分の言葉で表現しなくてはならなくなります。聞いたことを自分の口で表現してみようとすることで、より理解が深まります。

また、「聞いてわかったつもりになっていたけれど、本当はわかっていなかった」、ということに気づくこともできます。

教師も、自分が指示を出すだけでは、本当に子どもがわかっているのかは把握しきれません。

そこでどんな指示であったか話させてみれば、どれくらい理解できていたかを把握することができます。

✕ 伝わっているか確認しないで動かす

子ども達は何をしたらよいかわからず
あたふたしてしまう…

○ 伝わっているかを確認してから動かす

子ども達は自信をもってテキパキ動ける

ポイント

子どもに自分の言葉で話させて確認する！

7 指示の基本⑤ 指示の前に準備をする！

実は指示を出す前に、その指示が通るかどうかはほぼ決まっています。

自分の指示がなかなかうまくいかないなぁ、と感じる時、指示の出し方の基本を見つめ直すことも重要ですが、指示を出す前の条件整備がきちんと整っているかを見つめ直すことも非常に重要です。

具体的には、教師側は「指示の準備をする」ということと、子ども側は「指示を聞く準備をする」ということです。双方のしっかりとした準備があって、初めて指示は有効になるのです。

なぜ「指示前」が重要なのか

指示を出す前に教師も子どももきちんと準備を整えることが重要です。

教師側はこれから子どもに出す指示について、しっかり伝わるように頭の中でイメージします。これまで述べてきたように「一つの指示で一つの行動」「端的に、具体的に」「終わりまで示す」という基本を押さえてイメージしましょう。

初めのうちは、長めの指示を出す場合はメモをとりながら構想を立てるようにします。すると、意識的に指示を出すことができ、上達も早くなります。

また、子どもには、しっかりと話を聞く準備をさせます。絶対にやらなくてはいけないのが、活動をストップして聞くようにさせることです。聞く力が高まってくれば、何かをしながら聞く「ながら聞き」もできるようになってきますが、それはなかなか難しいものです。そのため、基本的には今していることをやめさせて、聞くことに集中させるようにしたほうがよいです。

なぜ「指示前」にこれらの準備をすることが重要なのでしょうか。

まず、教師側の準備は、子ども達にわかりやすい指示を出す上で不可欠だからです。

子ども達がどのような手順で動けばスムーズかを想定し、それをわかりやすい言葉で伝えることは一見簡単そうですが、実は初任者や若手教師には難しい技術です。

慣れてくれば瞬時に頭の中で構想することができるようになりますが、経験が浅いうちはしっかり準備しないで指示を出してしまうと、伝え忘れなど後で訂正しなければならないことが増えます。

訂正が多ければ多いほど、子どもの活動をいったんストップしなければならなくなり、子どももストレスが溜まります。活動も進みづらくなります。

そのため、経験が浅いうちはある程度、活動時間の長い指示をする時や、いくつも指示を出して子どもに複雑な行動を求める時は、必ずメモを用意して構想を練っておきましょう。

一方の子ども側の準備は、指示を全体に浸透させるためにも不可欠です。

今まで述べてきたような指示の基本を押さえたとしても、子どもが聞いていなければ無力化します。ですから、基本的には子どもの手を止めさせて話を聞く準備をさせてから話すようにします。

指示前の準備のポイント

「教科書を出しましょう。」「〇ページを開きます。」「×番を指で押さえましょう。」「音読しましょう。」などという具合に、短い指示を立て続けに出す場合は、**特に順序に気をつけて出すようにしましょう。**子どもが動きやすいように区切り、どういう順序で出せば混乱がないかを子どもの目線で考えることです。

「調べたことを文章にまとめてノートに書く。その際、初め・中・終わりの構成で書くこと。問いの文を入れること。主張は最後の段落に書くこと」などと活動時間の長い指示を出す場合は、**あらかじめ抜けがないように確認することと、指示の初めにいくつ話すか予告すること**が重要です。

長い指示の場合、教師が指示前に確認しておかないと抜けが出てきます。活動を始めてから後で訂正などをしなければならなくなります。これを防ぐのです。**あらかじめ絶対に伝えることをメモに書き出します。**そうすれば、いくつのことを伝えるのかが確実に見えてきます。

そして、子どもに伝える時には初めに「今から三つのポイントを話します。」と予告するようにします。すると子どもにも構えができて指示を聞き取りやすくなります。その上、話し終えた後「先生が言った三つのうち一つ目は何でしたか？」などと確認もしやすくなります。

子どもには手を止めて指示を聞くクセをつけさせます。「先生が指示を出す時は手を止める」ということを合言葉やルールにするのもよいでしょう。

✕ 教師も子どもも準備をせずに指示をする

子どもは手を止めずに、
教師はまとまりのない指示になってしまう…

○ 教師も子どももきちんと準備をして指示に入る

子どもは手を止めて、
教師はしっかり構想したわかりやすい指示ができる

ポイント

指示が通るかどうかは「指示前」に決まっている！

8 指示の基本⑥ 指示を伝えた後は質問を受ける！

指示をした後、教師は質問を受けることが重要です。

子どもは放っておくと、思ったことをすぐ口にします。

こちらが指示を出している途中なのに「先生、それってこういうこと⁉」などと口をはさんできます。

それに対していちいち答えていると、話が途切れ、他の子ども達はわからなくなってきます。

ですから、「質問は最後に受けます。」と年度初めに宣言しておくようにします。

質問を最後に受けるのをパターン化してしまいましょう。そうすることで子どもは途中で口をはさまなくなります。

☑ なぜ指示後の質問が重要なのか

指示後に、質問を受けることには様々なメリットがあります。

まず一つ目に、先ほど述べたように指示中に口をはさませないことで話が途切れることを防ぎます。

途中で話が途切れると、指示がわからなくなる子が多くなってしまいますが、最後に質問を受けることにしておけばそれがなくなります。

子ども達も聞くことに集中することができます。

二つ目に、子どもの聞く力を育てられます。

質問は最後に受ける、という流れを続けていけば、子どもも慣れていきます。

初めは質問が全然出なくても、続けていくうちに、良い質問が出たらほめる指導を加えていくと、どんどん質問が出てくるようになります。

子ども達は、質問を考えながら話を聞くようになっていくのです。

ただ漠然と話を聞くのと、疑問があれば質問をしようと考えながら話を聞くのとでは、後者のほうが何倍も集中して聞くことができます。

しかも、自分がすべき行動をイメージしながら聞き、その上で「あれ、でもそうするとこれはどうするんだろう？」などと具体的に起こりそうな問題を予測しながら話を聞くようになっていきます。

三つ目に、活動中に指示の訂正をすることを防ぎます。

子どもの質問する力が高まってくると、教師が見落としていた大事なことを指摘するような、「良い質問」が出てくるようになります。

そうすると、その質問への答えとして、全体に改めて見落としていたことを指示することができます。もし質問を受けていなければ、活動中に混乱していたことでしょう。

このように、指示後に質問タイムをとることは、単に話をさえぎらせないだけでなく、子ども達の聞く力を育てる上でも重要なのです。

☑ 指示後の質問のポイント

子ども達の質問する力を伸ばす意識を持ちましょう。

「質問ができるということはよく話を聞いていた証拠です。」と子ども達に伝え、**わからないことは質問をしよう、質問を考えながら聞こうとする子どもに育てる**ことがポイントです。

多く質問が出るようになったら、次は質問の質を指導します。

「良い質問」は、指示の足りないところを補ったり、さらに良いことを提案したりする質問です。

「良い質問」が出た際に「今の質問はすばらしいね。自分が実際に行動することをイメージして質問しているね。」などと適宜、価値づけていくことでクラス全体に広がっていき、良い質問がたくさん出るようになっていきます。

反対に、話をきちんと聞いていればわかるような質問は減っていきます。

クラス全体で「良い質問」と「良くない質問（話をきちんと聞いていればわかるような質問）」を共有していくのもよいでしょう。

「良い質問」が出た後、「みんな、今の◯◯さんの質問のおかげで、これからやることがよりわかったなぁという人いますか？」など子ども達に投げかけると、必ず多くの子が手を挙げます。こうして、質問をするのは良いことなんだという意識が子ども達の中に根づいていきます。

✕ 質問の時間をとらない

教師が話している途中で口をはさんでくる

○ 指示を伝え終えた後、質問の時間をとる

「質問ある人はいますか？」と教師が聞くことで、
疑問を解決できる

ポイント

「良い質問」が出るように育てていく！

9 指示の基本⑦
子どもの行動を評価する

指示を出して、子どもを動かしたら終わりではありません。

子どもの行動、活動をよく見て評価し、子どもに対してフィードバックしなければなりません。

「指示を出す→評価する」を必ずセットにするようにしましょう。

☑ なぜ評価が重要なのか

教育活動において、何事も「やらせっぱなし」はいけません。

大人でも、仕事を頼まれて頑張って取り組んだのにそれに対して誰からも何のフィードバックもなければやる気をなくすでしょう。

逆に、「頑張ったね。」「すごい！」などたった一言でも自分の取り組んだことを認める言葉をもらえると、次も頑張ろうという気持ちになります。

子どもも同じです。

教師が指示したことを子どもがきちんとやっているのに、「あぁ、きちんと伝わっているな」と安心して、子どもにフィードバックをしなければ子どもは面白くありません。「なんだよ、せっかく言う通り頑張ったのに……」という気持ちになります。

ですから、子ども達に対して指示を出したら、それをしっかり実行しているかを見て評価することを基本としましょう。

そしてそれを子ども達にフィードバックしていきます。

評価のポイント

子ども達が、先生は自分を見てくれていると思えるように、なるべく多くの子に評価を返すようにしましょう。

そうすることで、子ども達一人ひとりが、「自分も見られているから頑張ろう！」という気持ちになり、指示がしっかり通るクラスになっていきます。

評価はポジティブな言葉をかけることが基本です。

「いいね。」「よく聞いていたね。」「さすが。」「その通りだね。」など、短い言葉でよいのでなるべく多くの子にかけるようにします。

また、名前を呼びながら声をかけます。

そうすることで、子どもは「先生は見てくれている」という気持ちになります。細かい指示をよく聞いて守っていた部分を特にほめるなど工夫して評価していくようにします。

指示後、子ども達の活動に入った後は、子ども達の様子をしっかり観察します。そして、それを子ども達にフィードバックするところまで必ず行うようにしましょう。

評価はプラスの評価とマイナスの評価があります。

基本的には、指示通り動けている子にプラスの評価を返していくことが重要です。

そうすることで、教師の指示がしっかり通る教室になっていきます。指示通り行動しているのに全く教師から認められないのでは行動し甲斐がないというものです。

また、ときには教師の指示とは違うことをしている子に対して、マイナスの評価をしていくことも重要です。

指示通りにしていないのに、何もマイナスの評価をしないのは、子ども達に「指示通りしなくてもよい」というメッセージを暗に発していることになってしまいます。

厳しく怒鳴る必要などは全くありません。

「それはさっき言ったことと違うなぁ。」とか「惜しい。やり直しましょう。」などの比較的柔らかい言葉でよいので、「指示通りではない」ということを示していく必要があります。

ここをいい加減にしてしまうと、指示通りに動いている子達から教師が見放されます。教師の指示は、聞いても聞かなくてもよいというものへと、価値が下がってしまうのです。

ただし、特別支援を要する子など、特別に配慮する必要もあります。マイナスの評価をする場合は子どもの実態に応じて調整してください。

✕ 子ども達の行動を評価しない

子どもはせっかく頑張っているのにとやる気を失ってしまう

○ 子ども達の行動を積極的に評価していく（主にプラス面）

多くの子どもの行動をほめることで、子ども達もやる気になる

ポイント

指示と評価は必ずセットで出す！

第2章

子どもを「動かす」指示

——聞く力を育てる

1 指示には「動かす指示」と「考え自ら動く指示」がある

指示には大きく分けて二種類あります。

それは、子どもを「動かす指示」と、子どもが「考え自ら動く指示」です。

例えば、教室が汚いのでごみを拾わせたいとします。

「ごみを十個拾いましょう。」という指示は「動かす指示」です。

子どもにしてほしい行動を直接的に伝えるのが特徴です。

一方、「教室を見渡してみてください。何かしたほうがよいことに気づきませんか。気づいた人はしましょう。」という指示は、子どもが「考え自ら動く指示」です。

子どもにしてほしい行動を直接的に伝えるのではなく、間接的に気づかせるのが特徴です。

この二つは同じ「指示」であることには変わりはないのですが、その性質が少し違います。

本書のコンセプトは、指示で子どもを育て、自立へと導くことです。

ですが、**この二つの指示は性質が違うので、子どもに育つ力も少し違います。**

まずは、このことを押さえておきます。

それぞれの指示の機能、目指すゴール、子どもに育つ力が違うので、一緒くたに考えてしまうと、指導の意図がずれてしまうことがあります。本章では「動かす指示」について詳しく考えていきましょう。

☑「動かす指示」とは

まず「動かす指示」とは、教師が子どもにしてほしい行動・活動が明確にあり、**その通り動かさざるを得ない時に出す指示**です。学校生活を進めていく上でこの指示は多く出されています。例えば、次のような指示が「動かす指示」に当たります。

①ノートに自分の考えを書きます。初めに自分は賛成か反対かを書きます。その後、根拠と理由を書きます。
②画用紙の裏の右下に名前をペンで書きます。
③今日の朝会は外です。二列で背の順に並びましょう。
④火曜日の8時30分からは朝読書です。自分の席に座って本を読みます。

これらの指示では、子ども達にしてほしい行動や活動が明確に決まっています。

「動かす指示」は、全員の子どもに決められた行動や活動をしてもらわなくてはいけない場合に出す指示です。よくよく学校生活を振り返ってみると、教師が出す指示は、実は「動かす指示」がほとんどではないか、と思われるほど「動かす指示」は出されています。

授業中だけでなく、授業外でも頻繁に出されています。そのため非常に重要です。

☑「動かす指示」の種類

さらに、「動かす指示」には二つの種類があります。

一つは、**即時的な行動を指示するもの**です。

先に挙げた四つの「動かす指示」の例のうち、①と②がこれに当たります。

これらの指示において子ども達は、その場で指示された行動を即時的にすることになります。

即時的に指示された行動をするということは、子ども達はその場で言われたことをきちんと理解して動かなくてはなりません。「初めに賛成か反対かを書くんだな。」「画用紙の裏の右下に、鉛筆ではなくペンで書くんだな。」などと正確に理解しなくてはいけません。

したがって、**この種類の指示はしっかり子どもが一度で聞き取って理解し、その通り行動できることがゴールになります。**

もう一つは、**繰り返し定期的に行動することを指示するもの**です。

先に挙げた四つの「動かす指示」の例のうち、③と④がこれに当たります。

これらの指示において子ども達は、基本的に毎週、毎月同じ行動をすることになります。

定期的に同じ行動をするということは、何回か繰り返すうちに子ども達は、言われなくとも何をするかわかるようになるはずです。「朝会だから、外に二列だな。」とか「火曜日だから朝読書だな。」などといった具合です。したがって、**この種類の指示をなくしていくことがゴールになります。**

「動かす指示」の二種類

即時的に行動するもの

子ども達はその場で言われたことを
理解しなくてはならない

定期的に行動するもの

子ども達は言われなくても
わかるようになる

ポイント
「動かす指示」は二種類ある！

2 「動かす指示」で育てる力とは？

☑ 指示でどんな力を育てるかを考えることの重要性

ここまで、指示には「動かす指示」と「考え自ら動く指示」の二種類があること、さらに「動かす指示」は二種類に分かれることを述べました。

それでは、「動かす指示」で子どもに育てる力とはどんな力なのでしょうか。

まずは、教師がそれをよく考えることが重要です。なぜなら、**子どもに育てる力を意識せずに「動かす指示」を出すのでは、子どもを動かすためだけに指示することになる**からです。

つまり、「指示のための指示」になってしまうのです。

これを読んで、「ん？　土居は何を言っているんだ？」と思われる先生もいらっしゃるでしょう。

教育活動には、すべて教育的な意図があるべきです。授業での発問が最もわかりやすい例です。

例えば、「この段落は必要ですか。」と発問するのと、「この段落の役割は何ですか。」と発問するのとでは、引き出したい考えは同じでも、教師の意図は異なります。

前者では、この段落は必要なのかという刺激的なことを問うて、子ども達が発言したくなることを意図しています。そうすることで、「段落の役割を考える」という一見難しい課題にも意欲的に取り組ませることができます。国語の授業が楽しい、という感覚を持たせることもできるでしょう。

一方後者では、ある程度直接的に問うて、子ども達自身の読む力に任せる形で段落の役割について考えさせようという意図があります。そうすることで、子どもに「段落の役割を考える」ことを意識させ、実質的な読む力を育てることができます。

どちらが良いか、という話ではありません。

どちらも、**教師の意図が明確にあり、子どもの実態に応じて使い分けられている**ということです。

発問の仕方によって子ども達に育つ力が違ったり、目の前の子ども達の実態に適している発問の仕方が違ったりするのです。

「段落の役割を考える」というのが表のねらいだとすれば、必ず裏のねらいも存在しています。前者の発問であれば「子どもの意欲を引き出すこと」であり、後者であれば「実質的な読みの力をつけること」です。

子どもの読む力がまだまだ低ければ前者の発問を選択することになりますし、比較的高ければ後者を選択することになるでしょう。このように、授業においては、発問の仕方によって子どもに育つ力が違うことや子どもの実態に適した発問の仕方が違うことを踏まえ、表のねらいだけでなく裏のねらいまで深く考え検討されているのです。

しかし、指示はどうでしょうか。**多くの教師はここまで考えて指示を出していません。**特に「動かす指示」においては、子どもを動かすことのみを考えており、「指示のための指示」になっています。「動かす指示」の表のねらいは「子どもを動かすこと」です。これは揺るぎないことで、大切なことです。

一方、「動かす指示」の裏のねらいは何でしょうか。それは、「動かす指示」で子どもに育つ力をよく考えることで見えてきます。

☑「動かす指示」で子どもに育つ力

まず、即時的な行動の指示の場合、子どもに育てるべきは、聞く力です。

一口に「聞く力」と言っても、その要素は多岐にわたります。即時的な行動の指示では、子どもがパッと動くことが重要です。そのためには、話をしっかり聞こうとする態度、話を聞き取る力、理解する力、実際に自分が行動することをイメージしながら聞く力、そして指示通りに動く力などが欠かせません。

これらの力を総合的に育てられるのが、即時的な行動の指示なのです。そして、これらの力は子ども達が学校生活を送る上で非常に重要です。ですから、教師はこの指示を出す時、子どもを動かすことを表のねらいとしつつ、裏のねらいとしてこれらの力を育てていく必要があるのです。

次に、子どもが定期的に繰り返す行動の指示の場合、子どもに育つ力は、言われずに自分から動く

力です。

毎日あるいは毎週、毎月、定期的に同じ行動をするのであれば、その都度教師が指示する必要はありません。「朝会ではこう並ぶことになっている」「火曜日は朝読書をすることになっている」と子どもがきちんと自分の行動に見通しを持てていれば、自分から動くことができるはずです。

これは、「考え自ら動く指示」で育てる子どもの自主性につながる、橋渡し的な力と言えるでしょう。

同じ行動を何度も繰り返すのに、教師はその度に同じ指示を出しているのでは、子どものこの力は育ちません。教師は指示をなくしていくことを考えるべきです。

しかし、残念ながら、そのように考えている教師は多くはないようです。１学期も２学期も３学期も、変わらず「朝会です。二列に並びましょう。」と指示を出している教師は少なくありません。その原因は、指示の裏のねらいを意識していないことなのです。

聞く力

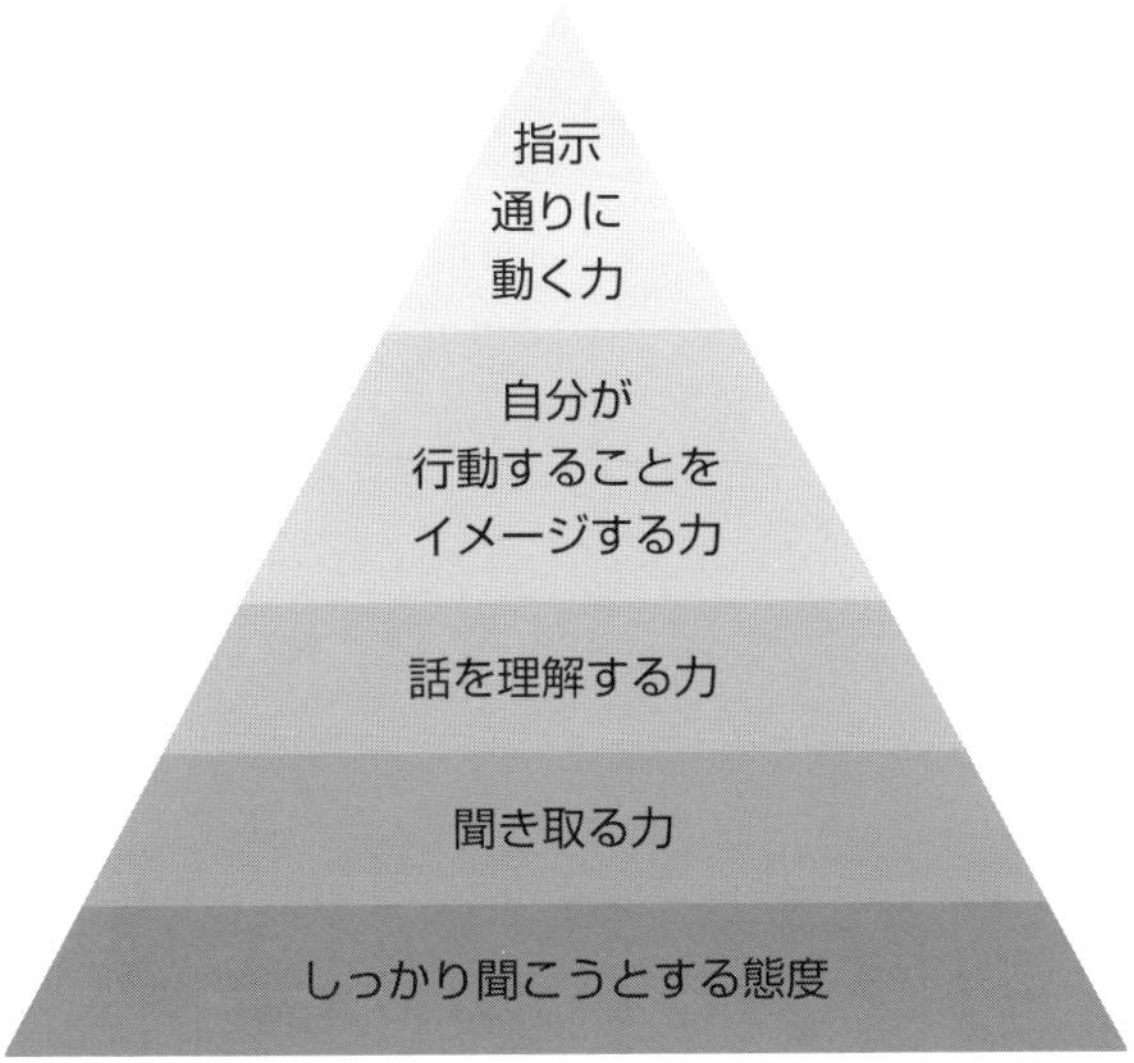

3 「動かす指示」のレベルを上げる

それでは、「動かす指示」を通して子どもを育てるにはどのようにしていけばよいのでしょうか。

結論を先に言うと、「動かす指示」のレベルを上げていくことです。

いつまでも同じレベルの指示をしていると、子どもの自主性が育っていかないのです。

1章では、指示の基本となる要素を挙げました。しかし、それらはあくまでも「基本」です。言うなれば、子どもに伝わりやすくするための工夫であり、支援でもあります。

一見、親切なようですが、親切すぎることは、ときに子どもの成長を妨げることもあります。

年度の初めは、子ども達が動きやすいように指示の「基本」を守りつつ、徐々にその「基本」を脱してレベルを高めていき、子どもを育てていくのです。

☑「即時的な行動の指示」のレベルを上げる

まず、「動かす指示」のうち即時的な行動の指示を高めていくことを考えてみましょう。

即時的な行動の指示では、子どもの聞く力を高められます。

しかし、いつまで経っても子ども達が聞き取りやすいような工夫が満載の指示では、一定以上の聞く力は伸びません。即時的な行動の指示を通して、子どもの聞く力を最大限高めていくには、**指示の工夫を「抜く」必要があります。**

つまり、初めは子どもにとってわかりやすい指示を出していたのを、徐々に難しい指示にしていくということです。

子どもにとって、伝わりやすい工夫が満載の指示で動けるのと、そのような工夫なしの指示で動けるのとでは、同じ「動ける」であっても、圧倒的に後者のほうが聞く力は上なのです。

ですから、あえて子どもが楽に動けるような工夫を抜いて、それでも聞き取って理解して動けるような子どもに育てていくことで、聞く力を最大限高めようとしていくのです。

例えば、指示の「基本」では、一つの指示で一つの行動でしたが、子ども達の聞く力が高まってきたら、あえて二つの行動を入れてみるなどするのです。

つまり、「一つの指示で一つの行動（一時一事）」という子どもにとってわかりやすい指示の工夫をあえて「抜く」ということです。

子ども達の次の担任になる教師が、指示のうまい教師とは限りません。

そう考えると、自分が担任している間の年度だけを考えて、できるだけ子どもがわかりやすい指示を出し続けて子どもを動かして満足していてはいけません。

来年度、指示があまりうまくない先生に当たってしまったら、指示を聞いていても理解できず、イライラし、場合によっては担任の言うことを聞かなくなるかもしれません。指示が下手な先生のもとでも、教師の言いたいことをしっかり理解し、パッと動けるような子どもこそ、本当の意味で「自立」していると言えるでしょう。そのような子どもを育てていきたいものです。

このように、「即時的な行動の指示」は、指示の基本や工夫を抜いていくことでレベルを高めていくことができます。

そしてそのようにして子どもを育てることは、子どもの聞く力を高め、さらに来年度以降もどんな担任のもとでも活躍できる子を育てることにもつながるでしょう。

☑「定期的な行動の指示」のレベルを上げる

次に、定期的な行動の指示のレベルの上げ方について考えてみましょう。

定期的な行動の指示では、言われずに自分から動く力が育てられます。

しかし、教師がそういうことを意識しないで延々と同じ指示を一年間出していては、言われずに自分から動く力は育ちません。

むしろ、毎回教師が指示を出してしまうので、言われずに動く力があるのかどうかを見ることすらできません。定期的な行動の指示を通して、子どもの言われずに自分から動く力を最大限高めていくには、**指示をなくしていく必要があります。**

つまり、初めは子どもに逐一指示を出していたのを、徐々にやめていき、子どもが自分で動くように仕向けていくということです。

定期的に同じ行動をするにしても、言われてから動くのと何も言われずに自分から動くのとでは、後者のほうが断然上なのです。

ですから、定期的に同じ行動をさせる場合は、教師から出す指示をなくしていき、それでも子どもが言われずに自ら動くようにしていくのです。

ただし、いきなり指示をなくす、というのはなかなか難しいでしょう。下手すると子どもを混乱させてしまうかもしれません。

そのため、指示をなくしていくときには、戦略的に徐々になくしていかなくてはいけません。

例えば、初めは丁寧に指示をしていたのを、ポイントを示すだけにしたり、教師から言わずに思い出させたりするようにしていきます。

それを続けていけば、子どもは自分から動くようになりますし、やがて教師の指示以上のことをする子が出てきます。子どもが考え自ら動く「自立」した姿を見せるようになっていきます。

このように、定期的な行動の指示は、指示を徐々になくしていくことでレベルを高めていくことができます。

❹ 即時的な行動「動かす指示」のレベルアップの方法

それでは、どのように「動かす指示」をレベルアップしていくかを具体的に考えていきましょう。まずは、即時的な行動の「動かす指示」です。

私は次の5段階で指示のレベルを考えています。

①「基本」通りの指示（「一つの指示で一つの行動」を守り、「確認」「評価」を必ず行う。）
↓
②「一つの指示で一つの行動」を守りつつ、「確認」や「評価」を抜く。
↓
③「一つの指示で一つの行動」を抜く。つまり一度に複数の行動の指示を出す。その代わり話す前に「今から言うことをよく聞くように。」等と「予告」する。話した後「確認」し、行動させる。その後「評価」する。活動時間の長い指示も同様に伝える。
↓

④「予告」した上で複数の行動の指示を出す。「確認」を抜く。その後「評価」する。活動時間の長い指示も同様に伝える。

↓

⑤「予告」なし「確認」なしで複数の行動の指示を一気に出す。活動時間の長い指示も同様に伝える。

先述のように、即時的な行動の「動かす指示」では、子どもの聞く力を伸ばすことができます。

そのため、①から⑤に向かうにつれて、子ども達の聞く力がさらに高まるよう配列しました。⑤の指示で一度で聞き取り、パッと動けるようであれば、次年度以降どんな教師に当たっても恐らく子ども達は大丈夫です。

なお、この5段階はあくまでも基準であり、すべてこの段階を経ないといけないわけではありません。ときには子ども達のレベルが高くて、③から始まることがあったり、現状では②のレベルでも③を飛ばして④のレベルにいったりすることもあるでしょう。

重要なのは、同じレベルの指示を一年間出し続け、子どもの聞く力の成長に蓋をしてしまうようなことをなくすことです。

そのためには、子ども達のレベルに応じて、指示のレベルを徐々に高めていきます。

「動かす指示」のレベルを高めていく上でカギとなってくるのが「一つの指示で一つの行動」を抜くことです。

「動かす指示」において、子どもにわかりやすくする上で最も重要な要素が「一つの指示で一つの行動」だからです。

これを抜くということは、複数の行動を一気に指示するということです。

そうすると、初めは「一つの指示で一つの行動」というわかりやすい指示に慣れていた子は混乱するかもしれません。

ですが、丁寧に繰り返していけば、子どもは指示を聞き取り、行動できるようになっていきます。

いつまでも「一つの指示で一つの行動」という工夫された指示で動けるレベルに子どもをとどめるのではなく、一度に二つ、三つ指示されても平然と動ける子に育てていきましょう。

☑ 長い指示も一気に出すようにしていく

また、5段階のうち「一つの指示で一つの行動」を抜く、③のレベルからは「活動時間の長い指示も同様に伝える」となっています。

これはどういうことでしょうか。

「一つの指示で一つの行動」を守る場合、教科書を出す、○ページを開く、起立する、注目する、など子どもの活動時間が短い指示が多くなります。

一方、「一つの指示で一つの行動」を抜く場合、一気に複数の指示を出します。つまり、「ノートに自分の考えを書く。その際、初めに賛成か反対かを書く。次にそう考えた理由を書く。最後にもう一度賛成か反対か自分の考えを書く。」というような、子どもの活動時間が長い指示も一気に伝えるようにする、ということです。

活動時間の長い指示も一気に出せて、子どもがそれをしっかり聞き取れて動けるようになれば、授業のテンポなども非常に上がっていくので、学級のレベルがさらに高まっていきます。

これができない場合、一つの指示を出して全員が終えるのを待ってから次の指示に移ることになるので、時間が多くかかってしまったり、素早く行動できる子は待たされたりしてしまいます。例えば、「初めに、賛成か反対かを書きましょう。」と指示を出して、それができるのを待っていることになります。これではなかなかテンポ良くならず、待たされる子はじれったくなります。かと言って、指示をすべて先に出してしまうと、処理しきれない子が多数出てしまい、結果的に子ども達は指示通りのものを書くことができません。

そのため、**活動時間の長い指示を一気に出せるということは、授業の質にも大きく関わるのです。指示のレベルを高めていくことは、子どもにとってはもちろん、教師にとっても良い**ことなのです。

ここからは、具体例とともに各レベルの指示を見ていきましょう。具体例としては、活動時間の短い指示として「教科書を出してページを開き、問題を見つける」、活動時間の長い指示として「自分の考えをノートに書く」を取り上げたいと思います。

5 即時的な行動「動かす指示」レベル①
基本通りの指示

まずは、「基本通りの指示」です。

基本通りの指示でしっかり子どもが動けることが重要です。

指示の基本を守り、子どもに伝わりやすい指示を出し、その都度ポジティブな評価をしていくことで、教室にプラスの雰囲気をつくっていくことがポイントです。

☑ 活動時間の短い指示→評価のサイクルをつくる

レベル①では、子どもの活動時間の短い指示をテンポよく出していって、パッと動けている子ども達をどんどん評価していくようにします。「教科書を出す」「〇ページを開く」程度の単純かつ活動時間の短い指示であれば、「確認」をする必要はありません。

指示を出す→子どもが動く→評価するというサイクルをつくっていきましょう。そうすれば教室にプラスの雰囲気が生まれていきます。

画用紙の裏の右下に名前をネームペンで書く、廊下に体育館方向を先頭に一列で背の順に並ぶ、など活動時間は短くても、少し複雑な指示の場合は、指示を出した後「確認」を入れてもよいでしょう。

確認を入れて実際に行動させた後も、評価は忘れずにします。

指示の種類

指示の種類		概要	育てる力
動かす指示	即時的	即時的な行動を指示	総合的な「聞く力」
	定期的	定期的な行動を指示	言われずに動く力
考え自ら動く指示		子どもに考えさせ、自主的に動く	・課題を見つける力 ・すべきことを考える力 ・行動する力

指示→評価の例

指示を出す→子どもが動く→評価する
というサイクルをつくる

❻ 即時的な行動「動かす指示」レベル②評価や確認を抜く

レベル①で子どもがしっかり動けるようになってきたら、次に「評価」や「確認」を抜いてみましょう。「一つの指示で一つの行動」はそのままでいきます。

☑「評価」を抜く

「評価」を抜いても子ども達がパッと動けるようになっていくと、「パッと動けて当たり前」というクラスへと成長していきます。「ほめられてできる」よりも「ほめられずにできる」ほうがレベルが高いからです。子ども達からも「そんなことでほめないでください。」と言われるようになります。

☑「確認」を抜く→「評価」を入れていく

レベル①では、やや複雑な指示の場合、指示内容を聞けていたかどうか確認してから活動させていましたが、それを抜いても活動できるかどうかを見てみます。**もしできていた場合、すかさずプラスの「評価」をします。**また、間違えた行動をした子どもがいた場合は、「先生が指示したことと違います。」などマイナスの評価を返してもよいでしょう。**間違えているのに何も指摘されないというのは「何でもあり」の状態を招き、教師の指示は通りにくくなる**からです。「ネームペンで書く」と一度指示をしたのであれば、「鉛筆で書いたの？　まぁ、いいか。」などとしてしまっては指示を守っている子どもが損をします。出した指示を一度で守れているかどうかで評価することを貫きましょう。

単純な指示

「算数の教科書を出します。」「○ページを開きます。」「×番を指で押さえます。」といった指示で、子ども達が即座に動いている

複雑な指示

「画用紙の裏の右下にネームペンで名前を書きます。」「○○さん、一度でよく聞けましたね。」と良い評価をもらう子がいる一方で、「△△さん、鉛筆で書くとは言われていないよね。」と悪い評価をもらう子もいる

7 即時的な行動「動かす指示」レベル③ 一時一事を抜き、予告・確認を入れる

レベル②で子どもがしっかり動けるようになってきたら、次に「一つの指示で一つの行動」を抜いてみましょう。これでもきちんと話を聞いて行動できたら、子どもの聞く力はかなり育っています。

☑「予告」や「確認」を入れる

活動時間の短い指示で「一つの指示で一つの行動」を抜くと、子ども達はいくつかの指示をすべて聞き取って瞬時に行動しなくてはいけなくなります。これまでの指示と比べると難易度は上がりますが、これを子ども達ができると、授業のテンポも非常に上がります。しかし、最初は難しいので、「今から先生が言うことをよく聞いて覚えてください。」などと「予告」を入れたり、「何ページを開くと言いましたか？」などと「確認」を入れたりするとよいでしょう。

また、指示内容を板書しておくと、ついてこられない子も板書で確認することができます。

☑ 活動時間の長い指示も一気に伝える

レベル③では、活動時間の長い指示も一気に伝えることになります。その場合、子ども達は自分がこれからする行動を具体的にイメージしながら指示を聞き、行動に移さなくてはなりません。これはかなり高度なので、「今からポイントを三つ話します。」など「予告」を入れたり、「さて、一つ目のポイントは何でしたか。言える人？」など「確認」を入れたりするとよいでしょう。また、指示内容を板書するのも手です。子ども達を混乱させてしまっては元も子もありません。こうした聞くのが苦手な子への工夫も適宜取り入れていきましょう。

（活動時間が短い指示）

「今から言うことをよーく聞いてすぐ動いてくださいね。」（予告）
「算数の教科書を出して、15ページの６番の問題を見つけて指で押さえてください。」
「聞けたかな？　それでは何ページを開くと言いましたか？　言える人？」（確認）

（活動時間が長い指示）

「今から自分の考えをノートに書きます。三つポイントを話すのでよく聞いてください。」（予告）
「一つ目に、初めに賛成か反対か自分の考えを書きましょう。二つ目に、その理由を書きます。三つ目に、その後もう一度自分の考えを書きます。」
「一つ目のポイントは何ですか？」（確認）

8 即時的な行動「動かす指示」レベル④
一時一事を抜き、予告のみ入れる

レベル③で子どもがしっかり動けるようになってきたら、次は「確認」も抜いてみましょう。「一つの指示で一つの行動」を抜いた上で「確認」も抜くことでさらに難易度が上がります。

☑ 一度で聞き取る必要性を生む

活動時間の短い指示では、「予告」は入れた上で「確認」を抜いていきます。レベル③では、一度に聞き取れなかった子どもも「確認」することで再度活動内容を聞くことができていました。「確認」を抜いてもしっかり行動できれば、すべきことを一度で聞き取り行動できていることになります。しかし、「確認」を抜くことで、一度で聞き取る必要性が生まれます。そのため、「予告」の際に「一度しか言いません。」とか「後で皆で確認する時間はとりません。」などと宣言しておくとよいでしょう。子ども達の活動の後は「評価」を入れるようにします。

☑ 活動時間の長い指示

活動時間の長い指示でも、「確認」を抜きます。かなり難易度が上がるので、教師側もきちんと指示内容を精選しておき、「今から○つ話します。」などと「予告」して指示するようにしましょう。

（活動時間が短い指示）

「一度しか言いませんよ。」（予告）
「算数の教科書15ページの６番の問題を指で押さえてください。」
「すぐできましたね。」（評価）
「５番の問題ではありませんね。」（評価）

（活動時間が長い指示）


「今から自分の考えをノートに書いてもらいますが、三つポイントを話すのでよく聞いてください。」

（予告）

「一つ目に、初めに賛成か反対か自分の考えをまず書きましょう。二つ目に、その理由を書きます。

三つ目に、その後もう一度自分の考えを書きます。」

（しばらくして）「○○さん、きちんと初めに賛成か反対かを書いていますね。」（評価）

9 即時的な行動「動かす指示」レベル⑤ 一時一事を抜き、予告・確認なし

レベル④で子どもがしっかり動けるようになってきたら、次は「予告」も抜いてみましょう。さらに難易度が上がります。

☑「一度で聞き取る」を当たり前に

「予告」も「確認」もせずに、一気に二つ、三つの行動の指示を出され、それを聞き取るのは小学生には（場合によっては大人にとっても）難しいことです。しかし、これまで紹介してきたような段階を踏んでいけば、できるようになっていきます。「一度で聞き取りパッと動く」のが当たり前になっていきます。そうすれば、授業や学校生活のテンポやリズムもよくなります。もちろん個人差はあるので、著しく聞くのが苦手な子がいる場合は、指示内容を板書に残すなど配慮しましょう。

☑「評価」は論理的に伝える

レベル⑤の指示で一度で聞き取ってパッと動けることは、とても価値のあることなので、子どもにも伝えます。私なら、「君達はすごい！　何がすごいかわかる？　わからないかぁ。今、先生はいくつ話しますと予告しないで話し始めたのに、君達は自分の頭の中で整理して聞き取って、その通り行動できました。これは、聞く力がない人には絶対できないことです。立派です。」などと伝えます。

活動時間が短い指示

教科書15ページ
6番の問題を押さえてください
ぱっ
ぱっ

「算数の教科書 15 ページの６番の問題を指で押さえてください。」という指示を受け、子ども達はパッと動く

活動時間が長い指示

自分の考えをノートに書きます
初めにー…
次にー…

「自分の考えをノートに書きます。初めに、賛成か反対かを書きます。次に理由を書きます。最後にもう一度賛成か反対かを書きます。それでは始め。」という指示を受け、子ども達は頭の中で文章構成をイメージしながら話を聞いている。そしてすぐに書き始める

10 定期的な行動「動かす指示」のレベルアップの方法

次に、定期的な行動の「動かす指示」をレベルアップさせていく方法について考えていきましょう。

私は次の５段階で考えています。

①丁寧に示す。
②概要を示す。
③子どもに思い出させる。
④何も指示しない。
⑤指示以上のことを子どもがしてくるのを待つ。

定期的に繰り返す行動の「動かす指示」では、子ども達の「言われずに自分から動く力」が育ちます。しかし、ずっと教師が指示を変えなければ子どもの力は伸びていきません。

初めのうちは、やるべきことを丁寧に指導します。それを徐々になくし、教師からの指示ゼロで子ども達が迷いなく動けることを目指します。

実は、こういうことは学校では多く行われています。

「システム」とか「仕組み」とか呼ばれるものがそれに当たります。

例えば、給食当番のシステムは年度初めこそ子ども達に丁寧に指導しますが、その後は徐々に子ども達に任せていくようになっています。

そうじも同じでしょう。初めはしっかり指導しますが、その後は子どもに任される形が多いです。

しかし、これらを子どもに任せきりになっていたり、全くレベルが上がっていかなかったりする場合もあります。

子どもに任せきりになっているパターンは、いきなり教師が指導をしなくなることで起きます。

反対にレベルが上がっていかないパターンは、教師がずっと口うるさく指導し続けることで起きます。

徐々に子どもに任せていき、なおかつレベルアップを図っていくには、段階的に指導を抜いていくことが求められます。

そのため、先に挙げた段階を追って指導していくとわかりやすくなります。

次項からは、具体的にそれぞれの段階の指示を見ていきましょう。具体例として朝教室に入ってからの行動の指示と、次の授業準備の指示について取り上げたいと思います。

11 定期的な行動「動かす指示」レベル①
丁寧に示す

まずは、初めの段階です。

すべきことを丁寧に示します。

これなしに、子ども達に動くことを求めるのは違うと思います。

☑ 全員がすべきことを理解できるように指導する

この段階で意識すべきなのは、全員がすべきことをしっかり理解できるように丁寧に指導します。

口で言って聞かせただけでは子ども達はわかりません。

まずは、教師が実際にやって見せたり、子ども自身にやらせたりして、確実に全員に理解させるようにします。

具体的にはまず板書をします。子ども達が目で見てわかるようにするためです。その後、一つ一つを口答で解説します。

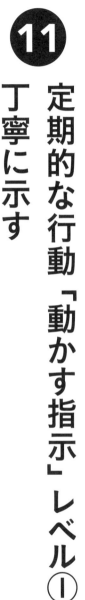

この段階を経ることで、子ども達がすべきことを理解していなかったという状況を回避することができます。すべきことを理解していないにもかかわらず、子どもが自ら動くということはあり得ないからです。

朝のやることを示す指示

板書して口答でも読み上げ、丁寧に指導する

授業終わりの指示

子どもに丁寧に説明をする

12 定期的な行動「動かす指示」レベル②
概要を示す

丁寧に示す段階の次は、少しレベルを上げて教師は丁寧に一から十まで指示するのではなく、概要を示すにとどめます。概要を示しただけで子どもが動けるかどうか見ていくのです。

☑「放任」と「丁寧」の間をつく

「子どもが自分から動くように」といってもいきなり何も指示せず子どもがやるようになると思ったら大間違いです。

子どもは忘れるものですし、楽をしようとするものです。ですから放任してはいけません。

例えば先に挙げた、朝教室に入ってからの行動であれば、初日にいくら丁寧に指導したからといって、次の日に何も言わなくて全員がその通りできるとは限りません。

いきなり次の日に教室に入るなりランドセルを机に置き去りにして遊び始める子もいます。ですから根気強く指導はし続けていかなくてはいけません。

かと言って、ずっと丁寧に指示をしていては、子どもが自ら動くようにはなりません。そこで放任と丁寧の間をつく指導が必要です。それが、「概要を示す」指示です。

丁寧にすべてこちらが言ってしまうのではなく、概要だけを示し、子どもができるようにしていくのです。その上で子どもが行動できた場合は、「先生は細かく言っていないのにできてすごい！　昨日よりレベルアップしましたね。」などと、評価することが大切です。

朝のやることを示す指示

朝登校し、指示が書かれた黒板を見て、
やることを子どもが思い出している

授業終わりの指示

子どもが指示を思い出し、
やるべきことを考えている

13 定期的な行動「動かす指示」レベル③ 子どもに思い出させる

概要を示す段階の次は、さらにレベルを上げて、教師からはごくわずかの情報しか与えずに、子どもも自身に思い出させて行動させるようにします。

思い出すきっかけだけ与える

概要を示されて行動できるよりも、自分ですべきことを思い出して行動できるほうが、より「自分から動く」状態に近づいていています。

だからと言って、いきなり放っておくと子どもは忘れますし、思い出そうともしない子も出てきます。

そこで、思い出すきっかけを与えるようにします。

例えば、それまで黒板に指示の内容を書いていたのを、番号だけ示して思い出させるようにします。

番号だけでも黒板に書いてあれば、昨日までのことを思い出して、子どもは行動することができます。

ここでも、子どもが行動できれば、しっかり評価していきます。

朝のやることを示す指示

朝登校をし、数字だけ書かれた黒板を見て、
やることを子どもが思い出している

授業終わりの指示

授業が終わったあと、
すぐ子ども達が次の授業の準備をし始める

14 定期的な行動「動かす指示」レベル④何も指示しない

「子どもに思い出させる」段階の次は、いよいよ教師からの指示をゼロにします。そして、子どもが今まで通り動けるかどうかを見ていきます。

☑ 行動を評価する

このレベルでも行動できている子どもをしっかり評価することが重要です。

私なら、次のように評価します。

「今日、朝学校に来て何か気づいたことがある人いますか。（数名当てる）そうです。いつもみんなへの指示が書いてあった黒板に今日は何も書いてありませんでしたね。さて、もう一つ質問です。何も書いてなかったけれど、いつもしていたことが完璧にできたよ、という人？　あなた達はすごい！　何がすごいのでしょうかね？（数名当てる）先生から指示されなくても自分のことを自分でやれているということはすばらしいことです。」

行動の質を落とさせない

もう一つ重要なのは、いくら指示をゼロにしたからといって、「やりさえすればいい」とはしないことです。例えば、授業準備で「教科書、ノート、ドリルを出す」ところを、いい加減に教科書だけを出しているのはOKとせず、「○○さん、惜しい！　授業準備はそれだけでしたか？」ときちんと指摘し、見逃さないことです。

朝のやることを示す指示

子ども達は黒板に何も書いていなくても
行動できている

授業終わりの指示

教師からは「これで授業を終わります。」のみ。
子どもはサッと次の授業準備を進めている

15 定期的な行動「動かす指示」レベル⑤ 指示以上の行動を待つ

教師からの指示をゼロにした後は、それでもすべきことをすべてこなし、さらに自分で考えてそれ以上のことを子どもがしてくるのを待ちます。そのような様子を絶対に見逃さないようにします。

☑ 子どもの自主性を伸ばすカギとなる

実はこの段階を設けること自体が、子どもの自主性を伸ばすカギとなります。

これまでの4段階では、子どもは決められたことを決められたように、行っていました。

もちろん、学校生活において、それは価値のないことではなく、むしろ重要なことです。しかし、それだけではいけません。そこで、「指示した以上のこと」をするのを推奨していくのです。そのようなことをしてくる子は必ずいます。

具体例に挙げている授業準備で言えば、例えば、「教科書、ノートを開いて前時を振り返っている」

「今日やるページを推測して開いている」「ノートに今日の学習のめあてを予想して書いている」などを行う子が、実際に私のクラスでは低学年であっても出てきます。非常に多様な姿を見せます。

教師がこの段階ですべきことは、ただ一つです。このような子ども達が出てくるのを待ち、見逃さずに評価することです。そうすれば自ずとクラス全体に自主性が広がっていきます。ただし、これらに取り組むのはあくまでも「自由」です。これを強制にしてしまうと、子ども達の休憩時間を奪ってしまいます。強制ではないのに、子どもが自主的にやる、というところに価値があるのです。

学校生活で自ら動く

「やることを終えたので、そうじをする」など、
自分で考えて指示以上のことをする

授業で自ら動く

次の授業準備を進める

第3章

子どもが「動く」指示

―考える力、行動する力を育てる

1 「考え自ら動く指示」の概要とねらい

「考え自ら動く指示」とは

子どもが「考え自ら動く」ようにしていく指示とは、教師側が子どもにしてほしい行動を一つには絞り込まず、**なるべく子ども自身に気づかせたり考えさせたりしながら、自主的に動けるようにしていくための指示**です。

2章で解説した「動かす指示」では、教師側に子どもにしてほしい行動が明確にあり、その通りに子どもに伝え、その通りに動かさざるを得ない状況に出す指示でした。

一方、「考え自ら動く指示」では、教師側に子どもにしてほしい行動の方向性は明確にあるのですが、具体的な行動を一つに絞り込みません。方向性は定めつつ、その方向性の中で具体的な行動は子どもに任せるイメージです。

例えば、「教室を見渡してみてください。何か気づくことはありませんか。気づいたことをしましょう。」という指示では、「教室の中の汚いところをそうじしたり、乱れているところを整頓したりする」

ことを願いつつも、その具体的な行動は子どもに任されています。

他にも、次のような指示が「考え自ら動く指示」に当たるでしょう。

- 先ほどの避難訓練での自分に点数をつけましょう。1点から3点です。（それぞれの点を発表させた後）２点や1点の人は、次は何を改善しますか。言ってください。
- 今の自分たちの班の課題を三つ考えましょう。それに向けて何ができるかも考えましょう。
- 時間が少し空いたので、手が空いている人はクラスのためになることを何かしてください。
- 下級生のために何ができるでしょうか。考えてやってみましょう。

子ども自身に気づきを促し、自分ができることは何かを考えさせること自体に意味があります。

先に述べたように、学校では「動かす指示」が非常に多く出されています。

しかし、「動かす指示」だけでは、いくらレベルを高めても、子どもは教師から指示された行動をしていることに変わりはありません。

これでは子どもが自分ですべきことを考える機会が乏しくなってしまいます。

そこで、「考え自ら動く指示」を入れていくことで、子どもが自分で考え、自分の意思で動く機会を保障していくのです。

多くの教師は、指示というと「動かす指示」しか頭に思い浮かばず、「考え自ら動く指示」はほとんど用いません。

そういう指示があるということすら、知らない教師も多いでしょう。

力量のある教師のクラスは、子どもが指示待ちするのではなく、自ら動いていきます。

そんな教師は意識的・無意識的を問わずこの「考え自ら動く指示」を使いこなしています。

かの有名な福山憲市先生も著書の中で次のような指示を紹介しています（福山（1997）93頁）。

> 「人と違うことを三つしてください。」

この指示は帰り際に出すそうです。すると子ども達は、机そろえ、ごみ拾い、カーテン閉め、廊下の窓閉めなど様々なことを自分で見つけて取り組むそうです。

若手教師であっても、「動かす指示」をしっかり出せるようになるだけでなく、このような「考え自ら動く指示」についても知り、使えるようになっていくと指導の幅を広げることができます。

☑「考え自ら動く指示」は、定期的な行動の「動かす指示」の延長線上にある

子どもが「考え自ら動く」と聞くと2章で詳述した定期的な行動での「動かす指示」と似ているな、

と思われる方も多いでしょう。

定期的な行動の「動かす指示」では、子どもが「言われずに動く力」を伸ばすことができるので、「考え自ら動く指示」と相通ずるところが多くあります。

さらに、定期的な行動の「動かす指示」レベル⑤（2章15）では、子どもが教師に言われた内容以上のことをしてくるのを求めていました。これはまさに「考え自ら動く」ということです。

そのため、**定期的な行動の「動かす指示」で育てた子どもの力は、「考え自ら動く指示」でも大いに発揮されます。**

「考え自ら動く指示」は、定期的な行動の「動かす指示」の延長線上に存在しているとも言えます。

両者に共通するのが「子どもの自立」を目指していることです。

「指示」という一見すると出される側が受動的になりがちな指導でも、教師の意識次第で子どもが自立していくように導くことができるのです。

そのためのカギとなるのが、2章で紹介した定期的な行動「動かす指示」のレベルを高めていくことであり、「考え自ら動く指示」を積極的に取り入れていくことです。

❷「考え自ら動く指示」で育てる力とは？

改めて「考え自ら動く指示」で子どもにどんな力を育てることができるかを考えておきましょう。

「教室を見渡してみてください。何か気づくことはありませんか。気づいたことをしましょう。」というような**「考え自ら動く指示」では、子ども自身が問題や課題を見つける力やそれに対して自分がすべきこと・できることを考え、実際に行動する力が伸ばせます。**

「動かす指示」においては、「○○という状況だから、××という行動（活動）をさせよう」というように、状況の把握も、行動の選択も教師が行っていました。

これは40人の子どもを教師一人で束ね、大規模校ではその集団が30以上も存在しているので、ある程度は仕方のないことです。

すべての子どもが、自分の今取り組むべき問題や課題は何かを考えて行動するようになる、というのは現実的ではありません。

そうは言っても、「動かす指示」だけですませていてはやはり子どもを自立へと向けて育てていけません。

そこで「考え自ら動く指示」の出番です。

☑ 自分（達）の問題点に気づく力

まず、**自分（達）の問題や課題を見つける力**が育ちます。

自ら動くためには、今の状況を把握し、問題点に気づく必要があります。よく「ゴミを拾う人が一流、二流は見てみないふりをする、三流はごみに気づかない」という言葉を耳にします。

それと同様に、子どもは育っていないと自分（達）ができていないことにすら気づくことができません。「動かす指示」だけでは、子ども達の聞く力や言われずに動く力は育っても、自分（達）の不足に気づくようにはなりません。

そのため、「考え自ら動く指示」で問題点に気づく力を養っていく必要があるのです。

この力は、自ら動く上で欠かせません。自ら動いていく上でスタートとなる力です。ゴミが落ちていることに気づくことができなければ、それを拾おうなどと考えようがないからです。

☑ 問題点に対して何をすべきか考える力

次に、**見つけた問題点に対して自分に何ができるかを考える力**を伸ばすことができます。

子ども自身が、すべき行動は何かを考え、決めていける力です。「動かす指示」では、基本的に教師が子どものすべき行動を決めていました。学校生活を進めていく上である程度は仕方ありません。ですが、それだけでは子どもが自分のすべき行動を考え、選んでいく機会が非常に少なくなってしまいます。

そのため、「考え自ら動く指示」によってその機会をつくっていくのです。

自分で考えたことを行動に移す力

最後に、**自ら導き出した考えを実際に行っていく力**を伸ばすことができます。

たとえ問題を見つけられ、それに対して自分のできることを考えられたとしても、実際に行動できなくては意味がありません。実際に行動する力こそ、最も重要です。

口で「こういうことをするのが大切だ。」と言っていても、実際に動けない人は信用されません。実際に行動する力も「考え自ら動く指示」では育てることができます。

子どもは、他者に決められたことよりも、自分が決めたことのほうがより意欲的に行動するものです。ですから、「考え自ら動く指示」で、自分で考えて決めさせることで、子どもは自分で決めたことを意欲的に行動に移します。

そのような機会が増えてくると、子どもはどんどん自分から行動するようになっていきます。

例えば先に挙げた「考え自ら動く指示」（「教室を見渡してみてください。何か気づくことはありませんか。気づいたことをしましょう。」）の場合、教師が指示を出さなくても、自分からどんどんクラスのために動くようになっていくのです。

ゴミを拾うだけでなく、自分で考えてほうきを使ってそうじをしたり、家からそうじ道具を持ってきて細かい箇所をとことんきれいにしたりするようになっていきます。

つまり、行動する力がどんどん上がっていくのです。

そして、みんなのためにサッと動ける、フットワークの軽い行動力のある子どもに育っていきます。

☑「考え自ら動く」指示には、素地を育てる必要がある

一点注意が必要なのは、**「考え自ら動く指示」が通用し、有効に作用するには、子ども達に一定の素地を育てておく必要がある**ということです。

例えば「積極性」です。「考え自ら動く指示」では、子ども自身が考え動くことを求めますから、授業中に誰一人挙手しないようなクラスでは有効に作用しません。次項で紹介するように普段から子ども達の積極性を育てていく必要があります。

3 子どもが考え自ら動くための素地を育てる① 積極性を伸ばす

ここからは、「考え自ら動く指示」が有効に働くために、その前段階として育てるべき子ども達の素地を三つ紹介していきます。

ここで紹介する三つは、「考え自ら動く指示」が有効に働くためにも必要ですが、それだけでなく子ども達がたくましく育ち、望ましいクラスをつくっていく上でも重要な要素です。

☑「立候補制」を取り入れることで積極性を育てる

まずは「積極性」です。

これは多くの教師が苦慮していることです。「うちのクラスは挙手が少なくて……」などという声をよく耳にします。

ある程度の積極性が育っていないと、例えば「教室を見て何か気づくことはありませんか。気づいたことをしましょう。」と「考え自ら動く指示」をしたところで、子ども達は「何も気づきません。」

と困ってしまったり、「知らないし。」などとしらけたりすることもあるでしょう。

子ども達の積極性を伸ばしていく、簡単な方法があります。

それは、「立候補制」を多く取り入れることです。

例えば配付物がある時、教師が頼みやすい子に「AさんとBさん、これ配ってくれる?」と頼むのではなく、「手の空いている人、誰か配ってくれる?」とクラス全体に投げかけます。そして、来てくれた子に「ありがとう!」と目を見て伝えるだけです。

他にも私は、授業開始時のあいさつ、教科書の音読なども立候補制にしています。

こういった、やる気があれば誰でもできることを「立候補制」にしていくことで、「それなら自分もできる!」となり、「はいっ!」と自分から動くような、積極性の高い子どもに育っていきます。

初めは立候補する子は少ないものです。それでも繰り返し続けます。基本は立候補している子ども達をほめることです。そして「自分がやれることは積極的にやろう!」という雰囲気をクラスにつくっていきます。

立候補制を取り入れることで子どもがチャレンジする機会をつくる

4 子どもが考え自ら動くための素地を育てる②　理由を考えさせる

子どもが自ら考え動くには、子ども一人ひとりが「考えられる人」でなくてはいけません。「誰かに言われたから」とか「誰かに言われた通りにやるのが正解」などというスタンスではいけないのです。

理由を問うことで、他の行動も考えられる

子ども達を「考えられる人」にしていく簡単な方法は、「行動の理由を問う」ことです。行動の理由を自分で考えることができれば、そのためにできる他の行動も自分で考えることができるからです。

例えば、図書室で「静かにする」というルールがあるとします。それを、「先生に叱られるから」ではあまりにもレベルが低すぎます。

そこで、子どもに「なぜ静かにするのですか？」と尋ねます。

このような問いに慣れていないクラスではあまり手が挙がりません。そのような時に私は「それが

わからないのならば、先生に叱られるから静かにしているということですか。なるほどねぇ。」と発破をかけます。これくらい簡単な問いであれば、本来ならほぼ全員が挙手しなければなりません。これは前項の積極性にも関わります。

挙手した子に理由を言わせると、すぐに「他の人のため」と出てくるでしょう。

その後、私は「図書室で他の人のためにできることは他にどんなことがあるかな。」と尋ねます。「行動の理由」から派生させて他の行動を考えさせるわけです。

子どもからは「読んだ本は元の棚にしっかり戻すこと」などが出されます。理由を問うことで他の行動も考えられるのです。

このように、教師が一方的に注意点を伝えるのではなく、子どもとやり取りをしながら、子どもに考えさせていく機会を多くつくることが大切です。

こうしたやり取りを一度や二度ではなく何度も何度もしていくことで、子ども一人ひとりが「考えられる人」に育っていきます。

行動の理由を問うことで考える力を育てる

5 子どもが考え自ら動くための素地を育てる③ 自己決定の機会を設ける

子どもが考え自ら動くようになるためには、子どもが自分で自分のことを見つめ決めていく、「自己決定」の機会を設けることが必要です。考え自ら動くには、自分で自分の行動を決めていく必要があるからです。

自己決定の機会は子どもを自立させていく

自己決定の機会を設けるということは、教師が決めてしまうのではなく、子ども自身に自分のことを決める機会をたくさんつくっていくということです。

例えば、GWの大型連休に入る前に、私は次のように子どもに伝えます。

「明日から連休です。大いに楽しんでください。宿題はいつも通り日記と漢字です。ただし、量は自分で決めてください。日記は最低1日分以上、漢字は1ページ以上です。どれくらいやるか決まったら連絡帳に書いて見せにきましょう。」

　このように伝えると、子どもはこちらの予想以上に、目標を高く宣言してくるものです。

　中には、「日記を毎日、原稿用紙に3枚以上書いてくる」とか「漢字スキルを20ページ進めてくる」などと宣言し、そして実際にやってくる子もいます。

　量は大きな問題ではなく、それを自分で決め、宣言し、自分で決めた目標に向けて取り組むことに意味があります。

　このＧＷ前の「宣言」を経ると、子どもはグッと自立していきます。

　また、授業中でも教師の意識次第で自己決定の機会はつくれます。

　算数では取り組む練習問題の数を自分で決めます。

　国語で要約の学習をする際、「ノートでやるか、パソコンでやるか」を自分で決めさせることもできます。

　体育のマット運動でも、全員同じ技に取り組む時間だけではなく、自分で決めた技に取り組む時間も設けます。

自分で決めることで、
自分で行動できるようになっていく

6 「考え自ら動く指示」のレベルアップの方法

「考え自ら動く指示」のレベルについて考えてみましょう。

とはいえ、「考え自ら動く指示」自体が、これまで紹介したような「素地」が必要なくらい高度なものです。

ですから、段階を経れば、どんな子どもも行動できるというものではない、ということには注意が必要です。

あくまでも、素地を育てた上で「考え自ら動く指示」をしていくことです。

私は、次のような3段階で「考え自ら動く指示」を考えています。

①限定的に問い、気づきを促し、することを考えさせる。
②抽象的に問い、気づきを促し、することを考えさせる。
③自分で考えて行動する時間をとる。

「考え自ら動く指示」において、子ども自身の「気づき」は不可欠です。

それがなければ、その後の子ども達の行動はありません。

「気づき」を促すことが最も難しく、逆にそれができればスムーズに進んでいけます。

そのため、①から③にいくにしたがって、「気づき」がより難しい配列になっています。

また、「考え自ら動く指示」では、「気づいたことはないですか?」などと子どもに問う形が多く使われます。

一見「発問」のようにも見えます。

あまり形にこだわっても意味はないのですが、このような問いかけは子どもの気づきを生み、「行動」を促すという意味を持つので「指示」の一種だと私は考えています。

もちろん、先に挙げた福山先生の「人と違うことを三つしてください。」のように問いかけが入らない「考え自ら動く指示」もあります。

問いかけを入れることで、子どもに気づきを促す時間をとることができるので、ある程度子どもの行動をコントロールすることができるというメリットがあります。

問いかけを入れずに行動させると、何をしたらいいかわからない子が出てくる可能性もあります。

全員が全員、自分のすべきことを見つけられるとは限らないからです。

ですから、問いかけを入れることでうまく、クラスの全員を巻き込んでいけるでしょう。

次項からは、それぞれの段階の指示を詳しく見ていきましょう。

7 「考え自ら動く指示」レベル① 限定的に問い、気づきを促す

「考え自ら動く指示」の最初のレベルは、場所や状況を限定的に問い、子どもに気づきを促し、することを考えさせることです。「限定的に問う」というのがポイントです。

「限定的に問う」ことで気づきやすくする

「限定的に問う」とはどういうことでしょうか。

例えば、教室の汚れが目立っていて、それに気づかせたいとします。

しかし、「何か気づいたことはありませんか。」という漠然とした問いでは、子どもは気づけません。

そこで、「教室を見渡してみて、何か気づくことはありませんか。」と、場所を限定して問うのが「限定的に問う」ということです。

他にも、例えば「図書室から移動する時に、他の人の分の椅子もしまっていた」というある子の行動のすばらしさに気づかせ、そのような「他の人の分も自分が動く」という行動をさせたい場合、「今

日、すばらしい行動をしている人がいました。誰でしょう。」と問うだけでは子どもは気づかない場合が多くあります。そこで「図書室から教室に帰ってくる時、すばらしい行動をしている人がいました。誰でしょう。」と問うと、必ず一人は気づく子がいます。

このように、「限定的に問う」ことで子どもは気づきやすくなります。

ここで具体的な会話例を紹介します。

教師　教室を見渡してみて、何か気づくことはありませんか。
子ども　汚れています。
子ども　ごみが落ちています。
教師　自分ができることを考えて、行動しましょう。
子ども　（そうじ、ごみ拾い、ロッカー整理などを行う。その後、振り返り）
教師　○○さんは、ごみを拾うだけでなく、いっぱいになっていたゴミ袋を変えてくれていました。誰も気づかなかったことに気づいて、実際にしているのがすばらしいですね。
（教室移動の場面で）
教師　図書室から教室に帰ってくる時、すばらしい行動をしている人がいました。誰でしょう。
子ども　○○さんです。他の人の椅子をしまってくれていました。
教師　その通り！　○○さんに拍手。そして、それに気づいたあなたもすごい！　○○さんのように、他の人の分も何かをするのってすばらしいですね。みんなも今日一つ、そういうことをしてみましょう。

8 「考え自ら動く指示」レベル②
抽象的に問い、気づきを促す

「考え自ら動く指示」の次のレベルは、限定的に問うのではなく、抽象的に問うことです。抽象的に問うことで、「気づき」の難易度が格段に上がりますが、子ども自身で考え気づくことができるようになっていきます。

☑「抽象的に問う」と予想外も出てくる

「抽象的に問う」とは、「何か気になることはありませんか。」とか、「今日一日過ごして気づいたことを発表しましょう。」などと、時間や場所、状況を限定せずに問うことです。

もちろんすべての指導には意図があるので、教師側には「3時間目のあの子の行動に気づかせたいな」などと、子どもに気づかせたいことが明確にあることが前提です。

しかし、あえてそれを「抽象的に問う」ことで、子どもの気づく力をさらに高めることができます。

抽象的に「今日一日過ごして気づいたこと」と問われ、すぐに手が多く挙がり、各々が気づいたことを発表できるようなクラスは非常に育っています。常に考えて行動したり、友達の様子を見ていたりしなければ気づけないからです。

抽象的に問うと、教師が予想していなかったような子どもの「気づき」が出されることもあります。ときには教師の予想を上回るようなすばらしい気づきを発言する子もいます。

ここで具体的な会話例を紹介します。

教師　今日、何か気になることはありませんでしたか。
子ども　……さっきの授業中に、○○さんの発言に笑った人がいました。
教師　そうですね。みんなはそれについてどう思いますか。
子ども　自分がされたらいやです。発言したくなくなると思います。
教師　自分には、その時、何ができたでしょうかね。
（今日のできごとを振り返る場面で）
教師　今日一日過ごして気づいたことがある人はいますか。
子ども　歯科検診の時、お医者さんにしっかりあいさつをする人が多かったです。
子ども　給食の前に消しゴムのカスを集めて捨てている人が増えました。
教師　とても良い行動が増えましたね。自分ができていないことは何だろう。自分で考えて明日また過ごしましょう。

9 「考え自ら動く指示」レベル③
自分で考えて行動する時間をとる

「考え自ら動く指示」の最後は、自分で考えて行動することです。ここまでは、気づきを促してから、子どもに行動させてきました。このレベルでは、その時間をとらず、自分一人で考えて行動させていきます。

☑ 子どもが自分で考えて自分で動くようになる

自分で考えて行動させる、とは教師が「このような行動をしてほしい」という明確なねらいを持ちつつも、子どもに任せて行動させるということです。

先に挙げた福山先生の「人と違うことを三つしてください。」という指示も、何に気づき、何をするかをすべて子どもに任せています。

他にも、例えば「これから図書室に移動します。三つ注意することを頭に思い浮かべ、その通りにしましょう。」という指示も考えられます。普通は注意点を教師が伝えたり、問いかけて気づかせたりしますが、自分で考えて行動させます。子どもが育っているとこれだけで十分です。

　また、「下級生のために自分たちが何ができるか考えてやってみてください。」という指示もあり得ます。私の学級ではこの指示を皮切りに、休み時間に下級生を招くお祭りが開催されました。こうした、教師の予想を上回るようなダイナミックな活動に発展することもあります。

　ここで、具体的な会話例を紹介します。

教師　これから図書室に移動します。三つ注意することを頭に思い浮かべ、その通りにしましょう。
子ども　（「静かにする」「本を元通りに戻す」「椅子をしまう」などを思い浮かべる）
（実際に図書室でそのように行動する子ども達。教室に帰ってきた後）
教師　どのようなことを意識したのですか、教えてください。
子ども　はいっ！（勢いよく手を挙げる）
（下級生のためにできることを考える場面で）
教師　下級生のために自分たちが何ができるか考えてやってみてください。
子ども　下級生を招くお祭りをしよう！
（実際に教室にたくさんの下級生を招いて楽しませる）

第4章

さらに子どもを自立に導く指示

1 自分の指示を疑う意識を持つこと

本章では、指示のレベルを高めていくために必要な教師の意識や姿勢、具体的なテクニックについて紹介していきます。

現状維持では子どもは育たない

教師は「現状維持」が好きです。

校務分掌の提案文書も行事も、そのほとんどが前年度のものをそのまま踏襲しています。

学級経営のシステムも、毎年同じものを採用している教師がほとんどでしょう。

もしかしたら、授業も同じかもしれません。

「前にこの学年を担任した時のやり方と同じでいいか……」と同じ授業の進め方を採用することも少なくないでしょう。

このように、教育の世界には「現状維持」がはびこっています。

今うまくいっていないならまだしも、今うまくいっているのにそれを積極的に変えていく教師はなかなかいません。実は、これが子どもを一定以上育てられない原因かもしれません。「今までと同じ」やり方を採用している限り、どう頑張っても「今までと同じ」のレベル以上に子どもを育てられません。

指示も同じです。

今の指示がうまくいっているからといっても、それが最善とは限りません。

子どもがスムーズに動けているからといって、それが子どもにとって最適な指示とは限りません。もしかしたら、もっと上のレベルの指示でも子ども達は動けるかもしれないのに、教師が子どもに親切すぎる指示をしていることもあります。

例えば、どんな時も教室移動する際は教師が指示を出して並ばせ、教師が先頭を歩いて連れていくような指導を多く目にします。

年度初めならまだしも、２学期も、３学期も同様にする必要はあるのでしょうか。

子ども達が自分たちで声を掛け合って並び、整然と移動することは無理なことなのでしょうか。

私にはそうは思えません。初めにしっかり指導し、段々手を離していけば、それくらいのことは確実にできるようになります。私からすれば、これは定期的な行動の「動かす指示」に他なりません。

ですから、「指示をなくしていく」ことで子ども達は自分の力だけでやれるようになっていきます。

このように、指示を通して子どもを自立へと導いていくには、「現状維持」に満足しないで、指示の仕方を変えていくことが必ず求められるのです。

☑ 今、自分が出している指示を疑ってみる

指示を通して子どもを育てていくには、教師自身が、自分の出している指示の仕方が子どもを成長させられているかどうかを疑ってみることから始まります。

目の前の子どもがスムーズに動けていて、一見何事も問題は起こっていないように見えるかもしれません。

しかし、それは子どもに支援しすぎて甘やかしているからではないでしょうか。

1学期も2学期も3学期も同じような指示の出し方をしていないでしょうか。

指示を通して子どもは成長しているでしょうか。

自分から動くようになっているでしょうか。

先生の指示をいつまでも必要とする子になってしまってはいないでしょうか。

このようにして、自分の出している指示を疑ってみると、胸を張って「今の指示がベストだ！」とは言えないことが明らかになってくるでしょう。

どうしてここまで「指示」の質にこだわるのかというと、教師は無意識で指示を出し、子どもも無意識でそれを受けているからこそ、その影響は大きいからです。

再三述べてきているように、指示は学校生活を進めていく上で欠かせないものです。

指示は、教師から子どもへ、一日だけでも数えきれないほど出されています。

つまり、子どもは学校へ来たら、指示のシャワーを浴び続けているようなものです。子どもへの影響力はとても大きいのです。

その指示が低レベルで一方的なものであれば、子どもの多くが、受動的になり、自分で物事を考え行動するようにはならない、というのは想像に難くありません。

しかも、教師は指示の影響力に無自覚で、無意識的に指示を出していますから、子どもが受動的で自分で考えない原因が何なのか気づきにくいでしょう。場合によっては「今のクラスの子達はどんな時も受け身で困るなぁ。」などと子どものせいにしてしまうかもしれません。

一方、指示のレベルが子どもにとって適切で、子どもの自分で考える力も伸ばそうとしているものであれば、指示の影響力の大きさも相まって子ども達が能動的になり、自分から考え行動していくようになっていく可能性は高いでしょう。

もちろん、指示を変えればすべてうまくいくというわけではありませんが、子どもがある一定のレベルから高まっていかないという場合は、教師自身が自分の出している指示を疑ってみるのは、大いに必要なことだと思います。

指示の改善はここから始まっていきます。

❷ 指示に自己決定をからめる

本書のテーマは指示を通して子どもを自立させていくことです。

自立させていく上で、子どもに「自己決定」させることは欠かせません。

ですから、指示をする際もできる限り、自己決定の機会をからめていくことが重要です。

しかし、「指示」というと、どうしても教師が子どもに一方的に伝えるものであり、その中で子どもに自己決定をさせるとはどんなことだろうかと思われる方も多いかもしれません。

ここでは、指示に自己決定をからめていく方法について考えてみましょう。

☑「考え自ら動く指示」を取り入れること自体が自己決定の機会を確保する

具体的に、どのように指示に自己決定をからめていくのかを見ていきます。

まずは、「考え自ら動く指示」についてです。

もとより、「考え自ら動く指示」では、自己決定は重要な要素です。

例えば、「クラスのためになることをしましょう。」と指示を出したとすれば、そこでは「クラスのためになること」という方向性の限定はあっても、行動を具体的に限定されてはいません。

ということは、具体的にどう行動するかは子ども達に委ねられているということです。

それが、「自主的にそうじをすること」であってもよいですし、「学習でみんながつまずきがちなことをまとめてミニテストをつくってくること」でも、「新しい当番をつくること」でもよいのです（これらは実際に私のクラスの子ども達がしていたことです）。

そのため、子ども達は「考え自ら動く指示」では、必ず自己決定せざるを得ないのです。

つまり、「考え自ら動く指示」を意識して子ども達に出していくことは、そのまま、指示に自己決定の機会をからめていくことになります。

このように、指示に子どもの自己決定をからめていくには、「考え自ら動く指示」を取り入れることが最も手っ取り早いと言えるでしょう。

しかし、３章でも述べたように「考え自ら動く指示」は子ども達の素地が育っていることが欠かせません。

昨年度学級崩壊していたクラスなどでは、なかなか「考え自ら動く指示」が成立することは難しいと思います。

子ども達の実態に合わせて、素地を育てつつ取り入れていくようにしましょう。

☑「動かす指示」に自己決定の要素を取り入れる

次に、「動かす指示」について考えてみましょう。

「動かす指示」は教師が子どもにしてほしい行動が明確にあるので、なかなか自己決定させるのは難しいように思われます。

しかし、教師の意識次第でいくらでも自己決定の機会をからめることができます。

むしろ、いきなり「考え自ら動く指示」を出してすべて子どもに自己決定させるよりも、限定的に自己決定させていけるので、「考え自ら動く指示」に向けた初歩段階としても有効かもしれません。

例えば、算数の練習問題を指示する時、私はよく次のように自己決定の要素をからめて指示を出します。

「今から練習問題を解きます。最大で12問解きます。コースは四つあるので選んでください。12問コース、9問コース、6問コース、3問コースです。決まった人は背中をピシッとして先生に合図してください。12問の人？　9問の人？……」

このように指示を出して、自己決定させていきます。

初めは戸惑う子もいますが、慣れてくれば「前、問題をやりきれなかったから、今日は減らそう」とか「今日は全問やろう！」などと自分の力量に合わせて調整できるようになっていきます。

ここでのポイントは、「他者と比較させないこと」です。

事前に「足の速さが人それぞれ違うように問題を解く速さも人それぞれ違います。全員に50メートルを7秒で走れ、なんてあり得ませんよね。それと同じです。また、いくら問題を解くのが速くてもたくさん間違うようでは、少ない問題数でも全問正解のほうが良いですよね。そういうことをよく考えて、自分の問題数を選びましょうね。人のことは関係ありません。自分のことです。自分で責任を持って選びましょう。」と指導しておくことが重要です。

さらに、背中をピシッとさせる合図の後、選んだコースに手を挙げさせる時には「周りの人を見ず先生のことだけを見て、決意を込めて手を挙げましょう。」と伝えます。

「自己決定」というと大層なものに聞こえるかもしれませんが、周りの様子を見ずに決意を込めて手を挙げるという簡単に見える行為からも始められるのです。

細かいことですが、こういう指示が極めて大切なのです。

子どもに、「自分のことは自分で決める」「他人と比べない」「恥ずかしがらずに主張する」ということが浸透していきます。

このように、教師の意識次第で「動かす指示」にも子どもの自己決定の機会を入れ込んでいくことができます。

こうした積み重ねが、子どもをたくましく自立していくことに導いていきます。

3 問いかけを入れ、「一方的」ではない指示にする

一般的に、指示というと「○○しなさい。」「○○しましょう。」と一方的に教師が子どもに伝えるものと捉えられがちです。

しかし、本書でこれまで見てきた指示の中には、「下級生のために何ができるでしょうか。」「教室を見て何か気づきませんか。」などと問いかけを入れているものが、「考え自ら動く指示」の中には存在しています。このように問いかけを入れることで、子どもに考える余地を与え、指示を一方的ではないものへと変化させることができます。

例えば、避難訓練後、「次はもっと素早く整列するようにしましょう。」と伝えたいとします。そういう場合、私は次のように子どもに問いかけます。

「今の自分の避難訓練は何点ですか。3点満点で点数をつけてください。他の人は関係ありません。自分の点数です。決まった人はピシッと座ります。……3点の人。2点の人。1点の人。」

このように聞いていき、手を挙げさせます。多くの場合は2点や1点に手を挙げます。

その後、「2点の人、なぜ1点マイナスなのですか。理由を言ってください。」と尋ねます。すると

子どものほうから「整列がもっと素早くできたはずだからです。」と言ってきます。

教師が伝えたかったこと以外にも、子どものほうから「逃げるところはよかったけれど、教室に帰る時にダラダラしてしまった。」とか、「外で少し話してしまった。」などと改善すべき点を言ってくることもあります。

子どもは、教師に言われなくとも自分のことをわかっているものです。

わかっていることを教師から言われるよりも、子ども自身の口から言わせたほうが、「次はそうならないようにしよう」と決意させることができ、自立へと近づけます。

こうして自分の口から反省点を言わせた後、教師は「次は来月に避難訓練があります。今みんなが言ったことに注意して取り組むようにしましょう。」と伝えます。

そして、次の避難訓練では、行う前に「さて、先月の避難訓練ではどのような反省点が出されたか覚えている人？」と尋ねます。

この時、子ども達は自分で言ったことですから、多くの場合覚えています。これが教師に一方的に伝えられたことだったらどうでしょう。十中八九、先月のことなど覚えていないものです。

このように問いかけを入れることで、子ども自身の口から教師が指示したいことを言わせ、一方的ではない指示にしていくことができます。

子ども自身に考えさせる機会をつくることもできますし、子どもは自分で見つけた問題により積極的に取り組みます。指示のレベルアップを図りたい場合、積極的に取り入れることをお勧めします。

4 あえて逆を言い、挑発する

子どもとのやり取りは、教師が楽しまなければなりません。

真面目に、直接的に、自分の思いや子どもにしてほしいことを語るだけでは、素直な低学年ならまだしも、思春期に突入した高学年にもなると「また言っているよ。」と冷めた目で見られることも少なくありません。

直接的に伝えてやる気になる子どもの数は限られます。

ですから、「今日はこういう角度から攻めてみよう」とか「こちらがこう投げかけたら子どもは多分あのように言うから、そうしたらこう返そう」などと、教師がワクワクしながら様々な言葉がけやり取りを考えていくことで、多くの子のやる気を引き出すことができます。

教師側に、創意工夫や遊び心が必要なのです。

そのためには、教師が余裕を持つことです。そうすることで、子どもが「え、そうくる？」と思うような手も思い浮かんでくるでしょう。

指示も同じです。

正攻法だけではいけません。

ときには、子どもが「あれ、今日の先生いつもと違うなぁ」とか「そうくるか！」と思うような、意外な指示も出すと良いです。

ここでは、その一つとして「挑発」を紹介したいと思います。

あえて逆を言われることで子どもは燃える

挑発は、教師が子どもにあえて「してほしくないこと」を指示することで、子どもが逆にやる気になるテクニックです。例えば、次のようなものです。

「手伝ってくれる人？（子ども達、たくさん挙手）ありがたい！　でも、少々面倒ですよ？　やめておいたほうがいいですよ？　ね、やっぱりやめておきましょう……（ニッコリ）」

「疲れているだろうから、途中で諦めていいですよ～」

「君達は多分気づいていないだろうけれど、さっきの時間とてもすばらしいことをしている人がいました。きっといないだろうけど、わかる人、言ってみてください。」

「○○さん、今年は本当に頑張りましたね。去年は授業中に立ち歩いていたんだって？　今年はすごく授業も頑張っていたねぇ。ところで今年もそろそろ終わるけれど、また来年は違う先生になったら元に戻ってしまうんだよね？　残念ながら……」

いかがでしょう。

子どもが、「えー、やります！」とか「はい！　わかります！」とか「いや！　来年も頑張りますよ！もちろん！」と勢いよく教師に言い返してくる様子が思い浮かびませんか。

こういうとき、子どもは、楽しみながら、教師をぎゃふんと言わせてやろうと、大きな力を発揮するのです。

面白いものです。直接的に「○○しなさい。」と言われてあまりやる気を示さない子達も、このようにあえて逆を言われると燃えることもあるのです。

なお、挑発が効果を発揮する絶対条件は、このように教師が挑発している時、子どもが「また先生が冗談を言っているな」とか「もう！　先生またそんなこと言って！」と好意的に受け取っていることです。そのためには、強固な信頼関係が必要です。それがなければ、挑発しても子どもは委縮してしまい、逆効果です。

挑発を効果的に使い、次年度も落ち着いていたAくんの事例

先に挙げた「挑発」の例のうち「来年は元に戻ってしまうんだよね？」というのは、ある年に受け持ったAくんに対してのものです。

Ａくんは、前担任から「私にはどうしようもできませんでした。土居先生、お願いします。」と引き継がれた子でした。

年度初めは授業中に立ち歩く、教室を出ていく、友達と毎日トラブルを起こす、という状態でした。私が叱っても、全く意に介さない様子でした。

本書は「指示」の本ですから、その状態からの彼との「格闘」の様子は省きますが、１か月ほどで授業をしっかり受けてくれるようになり、トラブルも目に見えて減りました。そして、前期修了式では学年代表スピーチをするほどに成長しました。

しかし、私には一抹の不安がありました。

それは、次年度私のもとを離れて、次の担任と合わなかった場合、また元のような状態に戻ってしまうのではないかということです。

それを防ぐためにどのような手を打とうか様々考えたのですが、私は「挑発」を選びました。

彼との信頼関係は強固でしたし、エネルギーあふれるＡくんは挑発されて「来年も頑張って、土居先生をぎゃふんと言わせてやる！」と、きっと思うはずだと考えたからです。

私の予想は見事的中。Ａくんは即座に「いや、絶対戻りません！」と声を大にして宣言していました。とても良い表情をしていました。私は、「そうか、じゃあそうなったら君の勝ちだね。」と言い、笑顔で握手をしました。その年度が終わる数日前のことです。次年度、Ａくんは新しいクラスで非常に落ち着いて過ごすことができたそうです（もちろん新しい担任の先生のご尽力のおかげです）。

5 あえて情報を不足させる

子どもの「聞く力」を伸ばしていく上で有効なのは、質問できるようにしていくことです。質問ができるということは、具体的にイメージしながら教師の指示を聞いているということであり、能動的に話を聞いていると言えます。

とはいえ、初めのうちは質問はあまり出ません。そこで、子ども達が質問をするようになるテクニックを紹介しましょう。

☑ 質問なしには成り立たない指示を出してみる

それは、あえて情報の不足した、質問なしには成り立たない指示を時折出してみることです。

例えば、「これから、自由に校庭や校舎の周りを歩き回って生き物を観察したいと思います。時間は11時30分までです。時計をよく見て行動しましょう。ただし、入ってはいけないところや体育の授業の邪魔にならないよう、よく気をつけてくださいね。」という指示です。

ある情報をあえて不足させています。

そうです。集合場所の情報です。

しっかりと話を聞いて、具体的に自分がする行動をイメージしている子であれば、「あれ、どこに集合するのだろう」と思うはずです。

そのため、この指示を出した後、「質問のある人？」と聞けば質問をする子がいるでしょう。

教師はそれに対して「とても良い質問です！　自分がこれからどう行動するかイメージして話を聞いていなければそういう質問は出ませんね。すばらしい！　先生はあえてそれを言いませんでした。よく気づきましたね！　先生が言った指示で足りないときはどんどん質問しましょうね。」と価値づけします。

もしすぐに質問が出なければ、「本当に質問はありませんか。本当に先生が言ったことだけで十分ですか。」と聞くと良いです。

そうすれば気づいて質問する子が十中八九います。間違っても情報が不足したまま活動に入ってはいけません。混乱を招きます。

情報不足の質問で子どもに質問させる

6 子どもを大人扱いする

いつまでも丁寧に、子どもが失敗しないように、楽に行動できるように、と工夫した指示をするのはある意味、子ども達を子ども扱いしているということです。

子どもが育ってきたら、ぜひ大人扱いした指示を出してみてください。

子どもは誇らしげに行動してくれます。

☑ 大人扱いした指示とは

大人扱いした指示とは、どういう指示かというと子どもの力を信じた指示です。

例えば、学年だよりを配って教師が読み上げて子どもに情報を伝えるのではなく、「みんなは読む力がしっかり育っていると思いますから、自分で読んでみましょう。質問を3分後に受けます。」などと伝えることです。

このように伝えると、子どもは真剣に自分の力で学年だよりを読みます。そして、深い質問もして

くるようになります。また、

「これから係活動の時間にしたいと思います。2時50分には帰りの会を始めましょう。ということは、何時頃やめますか。そうですね、2時45分くらいですね。さて、その時間になったら先生は、みんなにやめるよう声をかけたほうがいいですか。それとも黙っていていいですか。どちらにしますか。手を挙げてください。」

というように、子どもに子ども扱いする指示を出す（やめるように声をかける）のか、大人扱いした指示（時間だけ確認しておき、その後は黙っている）がよいのか、判断を子ども達に委ねることもあります。

子ども達に力が育っていると、このように聞いたときは必ず「大人扱い」を選び、そして自分で選んだからには必ず守るように声を掛け合って行動します。

大人扱いした指示を出してみる

7 授業中の指示をなくしていく

子どもを自立させていくには、もちろん授業も重要です。

本書では授業の質について詳述するのは避けますが、授業中のポイントを一つ挙げるとすれば、それはやはり指示をなくしていくことです。

教師が指示していたことを子どもに言わせてみる

授業中に指示を通して子どもを育てていくには、指示をなくしていくことを意識します。

どういうことか例を出します。

算数の授業において、本時に学習すべき計算の仕方の確認を終えたとします。次は練習問題です。

普通は、「それでは、今学習した計算の仕方を練習しましょう。」と教師が指示します。

それを少し踏みとどまり、子どもに「次は何をしたらいいですかね。」と問いかけてみましょう。

子どもから「練習したほうがいいと思います。」などと言ってきます。細かいことですが、こういうことを積み重ねることで、子どもは自立していきます。

その他にも、

「今日のめあては何にしたらいいですかね。」

「何を皆で話し合えばいいですかね。」

「次に先生がみんなに指示することは何だかわかりますか？」

「（授業冒頭に）今日は何ページですか？」

「（授業冒頭に）今日は何をやるんでしたか？」

「（出された意見をながめて）これらの考えの中で、みんなで話し合うべきものはどれですか？」

「少数派と多数派どっちか、意見を聞いたほうがいいですか？」

「この話題での話し合い、まだ続けますか、それとも少し話題を変えたほうがよいですか？」

などの問いかけが考えられます。

授業中の指示をなくして子どもに考えさせる

第5章

具体的な場面でわかる！指示の出し方

1 様々な場面での指示の出し方

最終章となる5章では、具体的な指示について紹介していきたいと思います。

学校生活や授業での具体的場面での「基本的な指示」と「レベルアップした指示」「さらにレベルアップした指示」及び「ポイント」を紹介します。

本書の重要なコンセプトとして「指示を通して子どもを自立させる」や「いつまでも同じ指示をせず、レベルアップを図っていく」がありました。そのため、4章までで指示の種類ごとにレベルを高めて子どもを自立に導く方法について述べてきました。

5章では様々な場面での具体的な指示を示します。

「基本的な指示」は、まだ子ども達が育っておらず、これから育てていく段階である年度の初めに出す指示をイメージしています。1章で紹介した「指示の基本」を守りつつ、子ども達がサッと動けるような指示を紹介します。

「レベルアップした指示」は、子ども達を育てていく年度の前半から中頃に出す指示をイメージしています。

「さらにレベルアップした指示」は、子ども達が育ってきた年度の後半に出す指示をイメージしています。

これらは、2～4章で紹介した、指示のレベルアップの仕方を具体化したものです。

「指示」を扱った類書では、恐らく「基本的な指示」の紹介や「単発的な指示」の紹介にとどまっていたはずです。

しかし本書では、同じ場面や状況において子どもの育ちや時期に応じて指示のレベルを使い分けられるように「レベルアップした指示」と「さらにレベルアップした指示」も紹介していくこととします。これらは、年間を通して子どもを育てていくことに役立ち、子どもの育ちに応じて指示のレベルを使い分けるという提案自体、大きな価値を持つと思います。

なお、5章で紹介する具体的な指示は、すべて私が自分の学級で使い、一定の効果があったものです。「ポイント」では、場面や状況に応じた指示の出し方や、そこでの指示のレベルアップの方法を解説していきます。

本章では学校生活や授業での主な場面や状況を15例取り上げました。その具体的指示を追試してみることも重要ですが、さらに重要なのは、どのような指示が有効なのか、どのようにレベルアップしていくことができるのかを具体例からつかみ、それを自分の教室に応用していくことです。そうすれば、自分なりに指示のレベルを高めていくことができるようになるでしょう。

2 登校時

子ども達が登校した時にすべき行動の内容は各学校や各クラスによって違うかもしれませんが、「すべきことがある」ということはほぼ全国共通でしょう。

私のクラスでは、年度初めは概ね次の五つを示します。

①先生に自分からあいさつをする、②ランドセルの中身を出し身支度を整える、③提出物を出す、④連絡帳を書く、⑤朝の会開始時までに席に座って待つ、ということです。これらを年度初めに丁寧に教えます。

「あいさつは自分からします。先生からされてするのは返事です。」などと、ただ示すだけでなくポイントを伝えます。そして、一週間ほどは毎朝黒板に書いたりモニターに映したりしておきます。

その後の一週間ほどは「ヒント（概要）」だけを示すようにします。

例えば①あいさつ、②身支度、③提出物などです。こちらから示す量を減らした後は必ず朝の会の冒頭などで「確認」や「評価」をします。例えば「今日、あいさつをした人？　おーすばらしい。ただし、重要なことがあったね。あいさつは誰からするのかな。そうですね。自分からですね。自分からできた人？」などという具合に、しっかりポイントを押さえてできているかを確認していくことが重要です。

その後は、黒板等に何も示しません。その上でしっかりできたら評価します。また、指導したルーティン以上のこと（他の先生にあいさつしに行く、そうじするなど）が見られたら必ず評価します。

基本的な指示　朝のルーティンを黒板等に示す

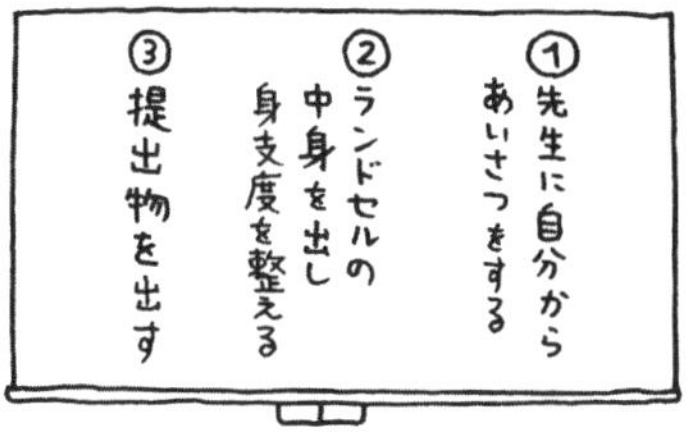
①先生に自分から
あいさつをする
②ランドセルの
中身を出し
身支度を整える
③提出物を出す

レベルアップした指示　黒板等にヒントだけ示す

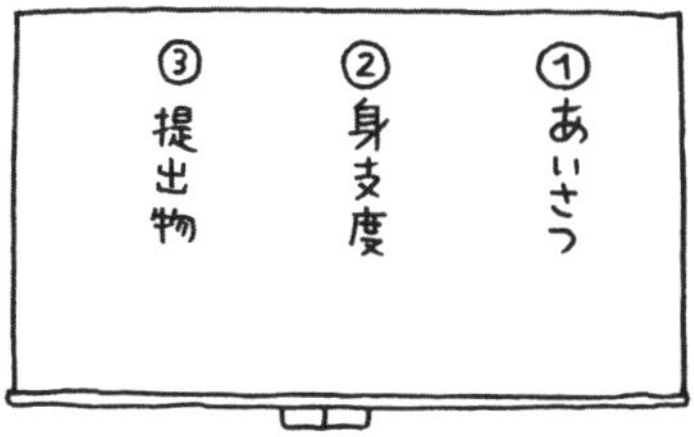
①あいさつ
②身支度
③提出物

さらにレベルアップした指示　何も指示せずルーティン以上の行動を評価する

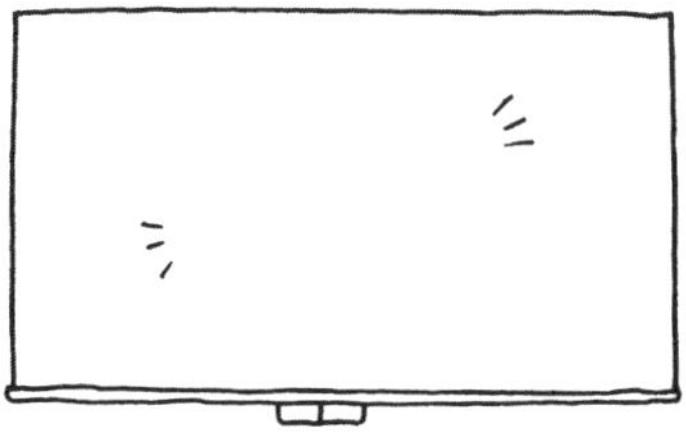

ポイント

指示をなくしながらレベルアップを図る！

❸ 起立（朝の会でのあいさつ）

朝の会の冒頭のあいさつの時には、「起立」に特に気をつけて指導します。

「起立」をしっかりできると、その後のあいさつや朝の会も張りのある良いものになります。

反対に、あいさつや朝の会がダラダラしているクラスは、この「起立」がダラダラしています。

起立を素早くさせるには、年度初めに「今から先生が起立、と言うので1秒以内に立ってください。」と指示して、その通りに起立させます。

もし遅い子がいたり、立つには立ったけれど机に寄りかかっている子がいたりしたら、やり直しをします。「遅いです。2秒経ちました。」とか、「起立とは、何も触らず立つことです。」などと短く指摘し、すぐにやり直しをしましょう。

年度初めであればそういう一見、厳しい指導を入れることで、「この先生はこういうところを見逃してくれないんだな」と子どもに思わせることもできます。

これは「1秒以内」という具体的な数字が入っていて、「指示の基本」を押さえた指示になります。レベルアップした指示では、「何秒以内と言いましたか?」と尋ねることで子ども達に思い出させることをねらいます。子ども達に言わせることで、しっかり意識に根づかせることができます。

さらにレベルアップした指示では、教師は何も言いません。繰り返し指導していくことで、教師が何も言わずとも子ども達は当然のように素早く立つようになっていきます。

基本的な指示　具体的に示す

レベルアップした指示　問いかける

さらにレベルアップした指示　特に何も言わない

ポイント

具体的に示す→習慣化を目指す！

4 朝の会（一日の流れを伝える）

朝の会で教師が連絡をする時、年度の初めは集中して聞いてくれていた子ども達も、日が経ち慣れてくると、手いたずらをしながら話を聞くなどダラダラした雰囲気になってくるものです。「全員にしっかり伝えないといけない！」という教師の意識から、どうしても話が「一方的」になりがちだからです。

もちろん、朝の会は一日のスタートですから、一日の流れなどを全員にしっかり伝えることは重要です。しかし、それをずっと続けていてもレベルが高まっていかないどころか、子どもは聞かなくなってしまい、かえって逆効果です。

このようなときは、子どもになるべく言わせるようにしていくと、指示が一方的にならず、子どもも能動的に話を聞いたり、自分で考えたりするようになっていきます。

「基本的な指示」では、「指示の基本」をしっかり押さえて、一日の流れを丁寧に伝えます。質問を必ず受けるようにすると、子どもは質問を考えながら聞くので一方的になり過ぎないでしょう。

レベルアップしていくには、子どもに言わせる割合を増やしていくことです。初めは、「今日の2

時間目は理科です。今日は何をやる予定でしたか。」などところどころ問いかけ、言わせていくようにします。ゆくゆくは、「今日の6時間の授業では、何をする予定か説明してください。」と、子どもに説明させていくようにするとよいでしょう。

基本的な指示　一日の流れを丁寧に伝える
→質問を受ける

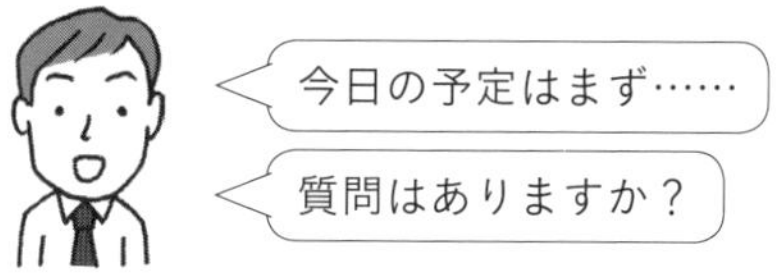
今日の予定はまず……
質問はありますか？

レベルアップした指示　ところどころ問いかけ、
子どもに言わせる

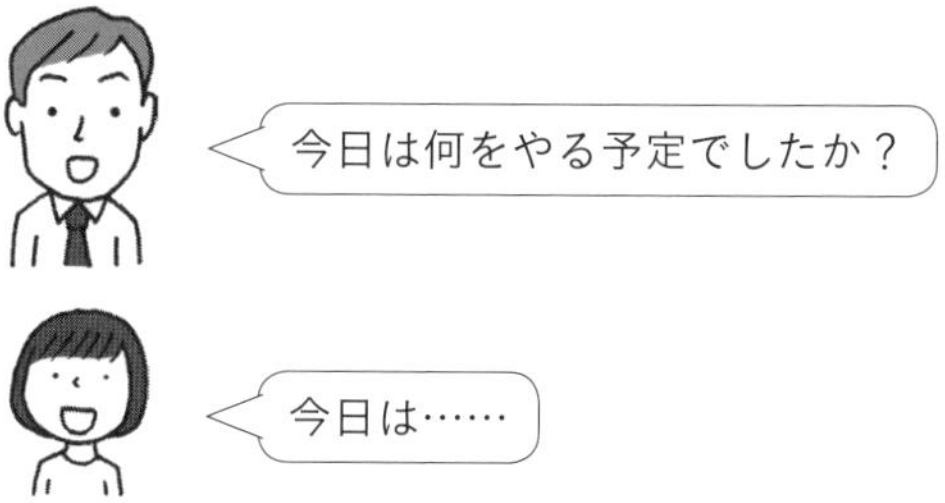
今日は何をやる予定でしたか？
今日は……

さらにレベルアップした指示　子どもに説明させる

今日はまず○○があります。その後は……

ポイント
子どもに考えさせる機会をつくる！

5 当番活動

当番活動も、教師の指示次第でレベルを高めていくことが可能です。

ここでは、一人一役当番制度を取り入れていることを前提に述べたいと思います。

初めは、一人ずつわかりやすく当番の仕事の内容を指示します。「いつ、どうやってやるか、仕事を終えたらどうするか」などを明確に伝えるようにします。

そうしないと子どもは自分が何をしたらよいかわからず、動けません。

レベルアップを図るには、子どもが決められた仕事以上のことをするように仕向けたり、背中を押したりするようにします。

例えば、廊下フック整頓当番が、単に廊下フックを整頓するだけでなく、クラスのみんなが廊下フックを整頓するように呼びかけたり、ポスターをつくったりしたとします。

教師は、そういった姿を見逃さず、「すばらしいね。」とほめたり「○○さんのように、決められた仕事以上のことをやりたい人はどんどんやってください。」とクラス全体に広げたりすることが重要です。

子ども達に、「決められた仕事以上のことをする」という姿勢が根づいてきたら、「クラスの中で気になることがあれば、新しい当番をつくってよいです。先生に相談してください。」と伝えます。

子どもは、自分で見つけた仕事には、積極的に取り組むものです。場合によっては一人五つくらい当番をつくり、見事にやり遂げる子も出てきます。

基本的な指示　一人ひとりに仕事内容を明確に伝える

この当番活動は、まず朝来た時に、教室で行います。仕事を終えたら先生に報告に来てください。

はい！

レベルアップした指示　決められた仕事以上のことをした子を見逃さない

〇〇さんのように、決められた仕事以上のことをやりたい人はどんどんやってください！

（なるほど！　仕事以上のこともやってみよう！）

さらにレベルアップした指示　他の当番をつくってもよいと伝える

新しい当番活動をつくってよいです。先生に相談してください。

（あ、あの当番活動をつくってみよう！）

ポイント

子どもの姿を見逃さず、適切な声をかけていく！

6 ペアでの話し合い

授業でペアでの話し合いを取り入れることは、比較的多くあります。

単に「隣の人と話し合いなさい。」という指示で取り組ませていませんか。

そうすると、話す量に大きな偏りができることがあります。せっかくペアで話し合わせているのに、どちらか一方の子だけがずっと話していて終わってしまった、というのではもったいないです。

そこで私は、「自分が話したら相手にも尋ねましょう。」とか「話すのが得意な人は、相手に先に話させてあげるといいですよ。」などと指示することがあります。

そうすると、相手に話させるという意識が芽生え、結果的に良い話し合いになります。

繰り返していくうちに、子ども達も慣れてくるので、ペアでの話し合いに入る前に「自分が話した後はどうする？」と尋ね、子ども達に話させることでレベルアップしていけます。

さらに、「相手に話せてよかったなと言われるように話し合いをしましょう。」と抽象的に指示することで、子ども達自身で考えて工夫させることもできます。終わった後に全体で振り返りをして、どんな工夫をしたか出させましょう。「相手に話してもらうようにした」以外にも「目を見てうなずきながら聞いた」とか「相手が言ったことに対してさらに深く質問した」などクラス全体で共有していくことで、今後全員が使える工夫が出されます。

基本的な指示　進め方を示す

自分が話したら相手にも尋ねましょう。

レベルアップした指示　問いかける

自分が話した後はどうしますか。

相手に聞いてみます！

さらにレベルアップした指示　考えさせる

相手に「話せてよかった」と言われるように話し合いをしましょう。

(うなずきながら聞くのはよかったな。あと深く質問するのもいい)

ポイント

具体的な指示→抽象的な指示でレベルアップ！

❼ ノートの指示

私は文学的文章教材の単元序盤で、物語の設定（人・時・場）を確認する時間を必ずとります。第3時くらいでしょうか。

このときの指示はやはり子どもの育ちに合わせてレベルアップしています。

話が煩雑になるので、ここでは「登場人物分析をしてノートに書く」という指示に絞ります。

年度初めの文学の授業では、登場人物を自分が重要だと思う順に書かせます。

子どもは放っておくと機械的に、出てきた順にノートに書いていきますが、このように指示するとそれを防げます。ほとんどの子どもが一番初めに中心人物を挙げるので、「中心人物」という用語も指導することができます。

年度の中頃には、重要な順に書くやり方に加え、人物相関図にしたり、表にしたり、簡単な人物像を書き足したりする方法を適宜指導していきます。

年度の終わり頃には、「人物設定を分析してノートにまとめます。」とだけ伝えます。

これまでの指導がしっかり積み重なっていると、子ども達は、この指示だけで1時間丸ごと（あるいはそれ以上）黙々とノートにまとめます。自分でこの作品ならこの分析の仕方がいいな、と選んで取り組むのです。

基本的な指示　具体的に指導する

登場人物は重要だと思う順に書いてごらん。

レベルアップした指示　ヒントを与える

登場人物を人物相関図にするのもいいですね。

（人物相関図をつくり始める）

さらにレベルアップした指示　抽象的に示す

人物設定を分析してノートにまとめます。

（どう分析するか考えている）

ポイント

初めは具体的に指導し、
徐々に分析方法を子どもに任せていく！

8 練習問題を解く

算数の授業で、新出事項を確認し終えた後、練習問題を解く場面です。私は、問題数を子どもに選ばせています。

以前は、全員に同じ問題数を課していました。しかし、それではどうしても終わらない子がいます。その子達に合わせた問題数にすると、今度は多くの子が早く終えてしまい時間が余ってしまいます。

そこで、教科書に載っている練習問題が12問だとしたら、「12問コース」「9問コース」「6問コース」「3問コース」の4コースくらいに分けて子ども達に選ばせることにしました。それぞれのコースごとに、私が「取り組むべき問題」を指定し「12問コースの人は3番と4番の問題全部、9問コースの人は3番の③と⑥、4番の③はやらなくていいです。6問コースの人は……」などと伝えます。

このような指示にすると、全員が自分で決めた課題に向けて集中する姿が見られるようになりました。

レベルアップを図るには、コース設定及び問題指定を子どもに任せるようにします。算数の教科書は、よく見るとどの練習問題がどの新出事項に対応しているかがわかるようになっています。「基本的な指示」で教師が問題を指定して伝えることを繰り返しているうちに、子どもも「多分ここの問題だな」と呟くなど、どの問題を中心的にやるべきかがわかってきます。

最終的には、子どもが学習の手順や方法をつかみ、自分で進められるようにしていきます。

基本的な指示　問題を指定する

練習問題を解きます。問題数を選びましょう。12問コースの人は全部、９問コースの人は……。

レベルアップした指示　自分で決めさせる

練習問題を解きます。どの問題をやればよいでしょう。問題数を自分で決めてみましょう。

私は復習したいから、まず５問かな。

さらにレベルアップした指示　子どもに任せる

次は何をしたらよいでしょう。

（まず練習問題をやってから……）

ポイント

学習の手順や方法をつかませていく！

9 授業終了時

よく子ども達に「人のこと、先のことを考えられる人が賢い人です。」と伝えています。

「人のこと」とはもちろん他者の気持ちを考えたり、人のために動いたりすることを指しています。「先のこと」とは、授業準備や後片付けを指します。先のことを考えて今すべきことをしておくと後で焦らずにすみます。

ここでは授業終了時の指示について紹介しましょう。

「基本的な指示」では、準備すべきものを指定し、準備した人から5分休憩だということを明確に伝えます。しかし、これを繰り返すだけでは子どもはなかなか自分から準備をするようにはなりません。

レベルアップを図るには、授業終了時に「あることをした人から5分休憩」と伝え、子ども自身で思い出させる過程を踏みます。

その後、何も言わずに様子を見ます。

ここでできている子をすかさず評価していきます。また、準備をして教科書とノートを出すだけでなく、それらを開き、どこをやるかを予想したり、ノートにめあてを書いたりする子も出てきます。

こうした子を必ず評価するようにしましょう。

授業終了時の行動は定期的な行動の「動かす指示」に他なりませんから、「なくしていく」方向でレベルアップを図り、子ども達を育てていきましょう。

基本的な指示　明確に伝える

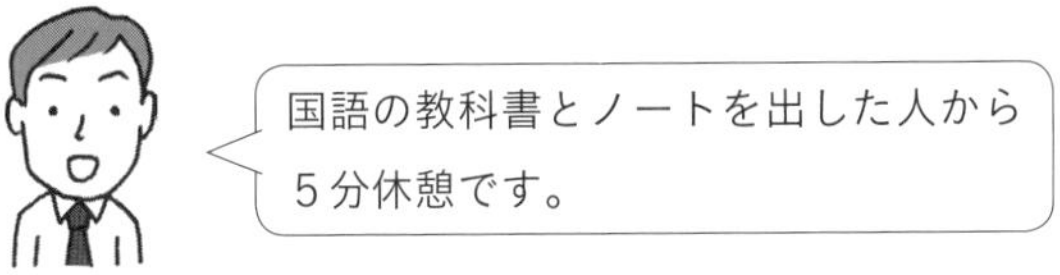
国語の教科書とノートを出した人から５分休憩です。

レベルアップした指示　思い出させる

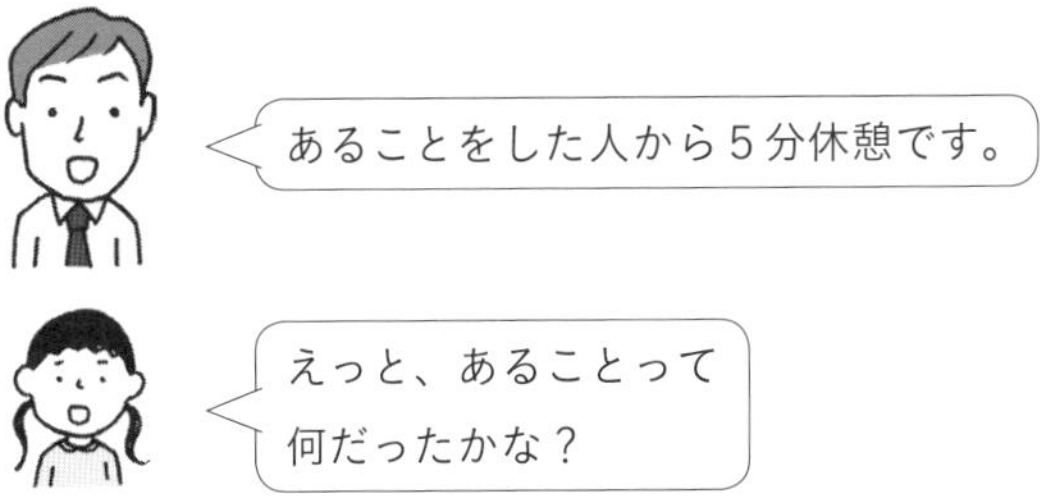
あることをした人から５分休憩です。
えっと、あることって何だったかな？

さらにレベルアップした指示　何も言わない

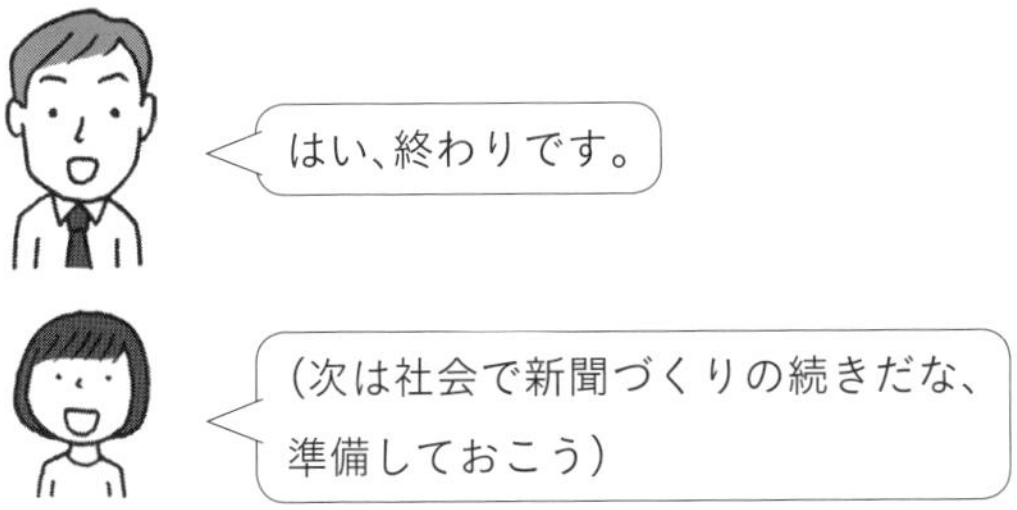
はい、終わりです。
（次は社会で新聞づくりの続きだな、準備しておこう）

ポイント

指示をなくしていく！

10 教室移動

1学期も、2学期も、3学期も、子ども達の先頭に立って並ばせ、先導していく教師がいます。

それでは子ども達は育っていきません。

レベルアップを図っていきましょう。

「基本的な指示」の段階では教師が先頭に立つのは仕方ありません。まっすぐ並ばせるには「前へならえ」が一般的に多く用いられますが、子ども達はあれをしなくてもまっすぐ並べます。

「前の人に隠れなさい。」と伝えるだけです。このほうが具体的でなおかつ列が間延びせずにすみます。

根づいてきた頃、子ども達に問いかけます。

「いつまでも先生が前に立って並びたいですか。それとも自分たちでやってみますか。どっちがかっこいいだろうね。」

子ども達は「自分達でやってみます。」と言います。教師は横からその様子を見守ります。横から見るのは、全体を見るためです。子ども達は十中八九しっかりやります。もしこれでダメなら、もう一度指導し直せばよいだけです。

ゆくゆくは、教師は後ろからついていくだけで、子ども達に任せてみます。すると、体育館についたら他のクラスの並び方等を見て自分たちでそのように並び直すなど、臨機応変な対応をすることも見られるようになっていきます。

基本的な指示　前に立ち、並ばせる

二列背の順で廊下に並びます。

レベルアップした指示　横に立ち、並ばせる

自分達でやってみますか。

さらにレベルアップした指示　何も言わない

移動の時は二列背の順！　すぐ並ぼう！

（体育館に移動）

あ、他のクラス、四列に並んでいるよ。
並び直そう。

ポイント

子どもに任せてみる！

11 席替え

席替えの指示もレベルアップを図れます。

ここでは、席を教師が指定することを想定して紹介していきます。その是非は問いません。

「基本的な指示」では、予告した上で席を伝えます。紙で配ったり、黒板に書き出したりしてもよいですが、私は子どもの聞く力を伸ばすため次のように口頭で伝えます。

「一度だけ伝えるのでよく聞いてくださいね。後でその場所に自分で移動しなくてはいけませんからね。名前を呼んでいきます。返事はしなくていいです。他の人が聞こえなくなるからです。この列、前からAさん、Bさん、Cさん、……次にこの列Gさん、Hさん……」

これで低学年でも一度で伝わります。その後、机を移動させずに、まずその場所に行かせてみるとより丁寧です。その後机を移動させるようにすると混乱なく席替えができます。

レベルアップを図るには「予告」を抜きます。また、先に席を確認する手順も抜いてしまいます。「一斉に、新しい席を指さしましょう。せーの。」などと全員で簡単に確認する程度にしていきます。

ゆくゆくは一度口頭で伝え、「はい、移動。」とだけ伝え、すぐに移動させます。このように、教師の言葉は極端に減っていきます。しかし、それが良いのです。教師は最低限しか話さず子どもがパッと動く。そういう状態を目指していきましょう。

基本的な指示　「予告」して伝えた後、一旦その場所に移動させる

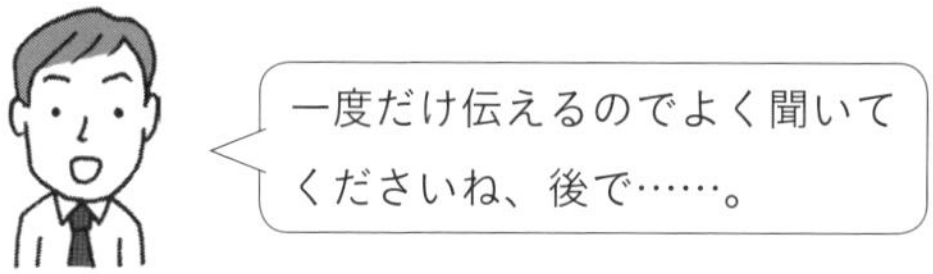
一度だけ伝えるのでよく聞いてくださいね、後で……。

レベルアップした指示　予告なしで伝えた後、簡単に確認する

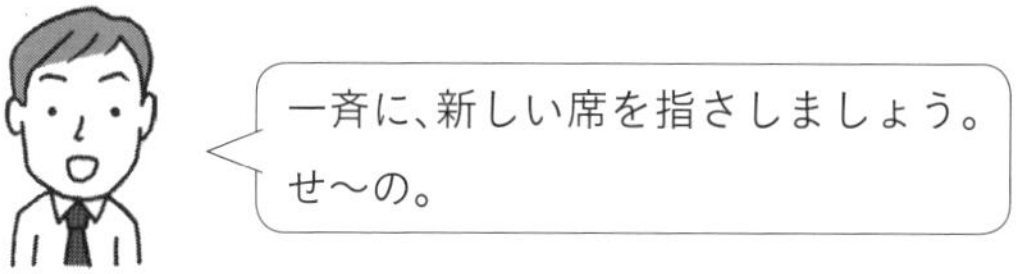
一斉に、新しい席を指さしましょう。せ～の。

さらにレベルアップした指示　一度伝えたらすぐに席替えさせる

はい、移動。

ポイント

子どもの聞く力をどんどん高めていく！

12 帰りの会での連絡

帰りの会での教師の話は、「なし」か「とても短い」に限ります。子どもは早く帰りたいからです。

しかし、どうしても伝えなくてはいけないことがある場合もあります。

ここでは、明日の尿検査について、朝の会で伝えたけれど、帰りの会でも子ども達に念押しで伝えることを想定します。

「基本的な指示」では、教師から「先生からの話は一つです。尿検査を必ず忘れないこと。今日帰ったらすぐにトイレに検査キットを置いておきましょう。」と端的に伝えます。

レベルアップは、子どもに尋ねることで図れます。

「明日、忘れてはいけないことは?」と子どもに思い出させ、言わせる機会をつくります。出てこなければ、教師が言えばよいだけです。

もちろん、尿検査を持ってくる以外にも、絵具セットを持ってくる、習字セットを持ってくる、宿題の日記を忘れない、などどんなことでも応用できます。何かを忘れずに持ってくる、やってくるというのは、定期的な「動かす指示」です。

ゆくゆくは、帰りの会の「みんなからのお知らせコーナー」で、子どもから「明日は尿検査なので忘れないようにしましょう！」と呼びかけられるのを待ちます。それが出なければ「みんな、本当にそれでお知らせは終わり？」などと尋ね、なるべく子どもから言わせることで、自立したクラスになっていきます。

基本的な指示　明日の大切な連絡を教師から伝える

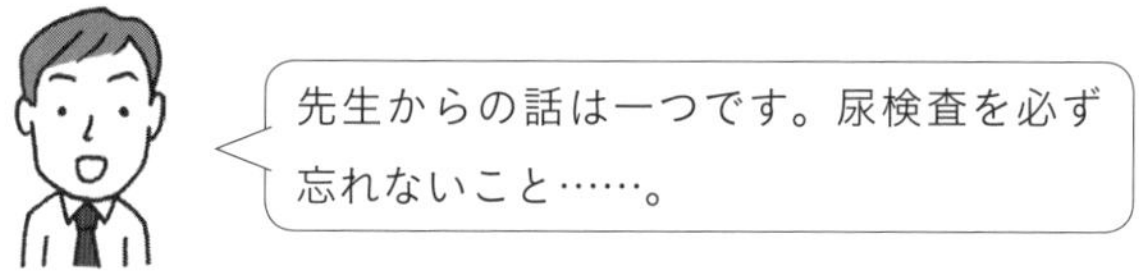
先生からの話は一つです。尿検査を必ず忘れないこと……。

レベルアップした指示　思い出させて言わせる

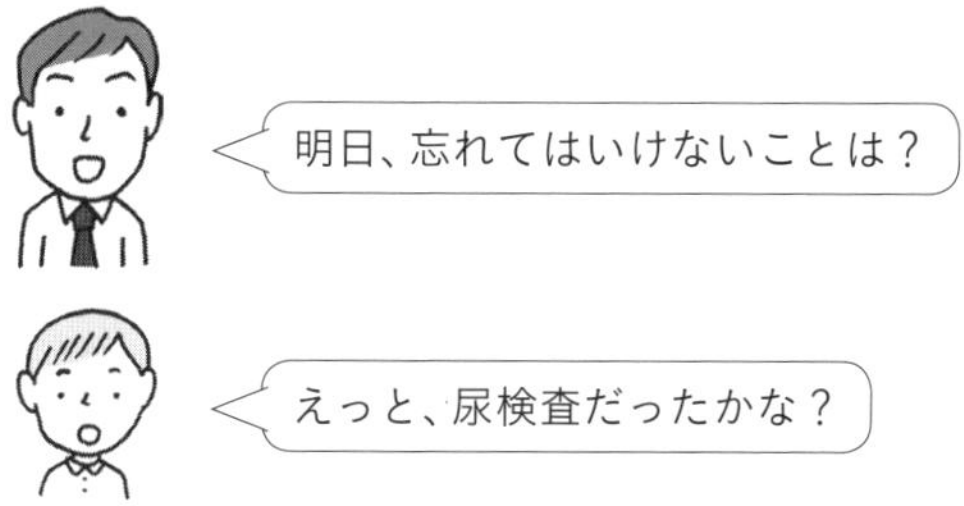
明日、忘れてはいけないことは？
えっと、尿検査だったかな？

さらにレベルアップした指示　子どもから連絡事項が出てくるのを待つ

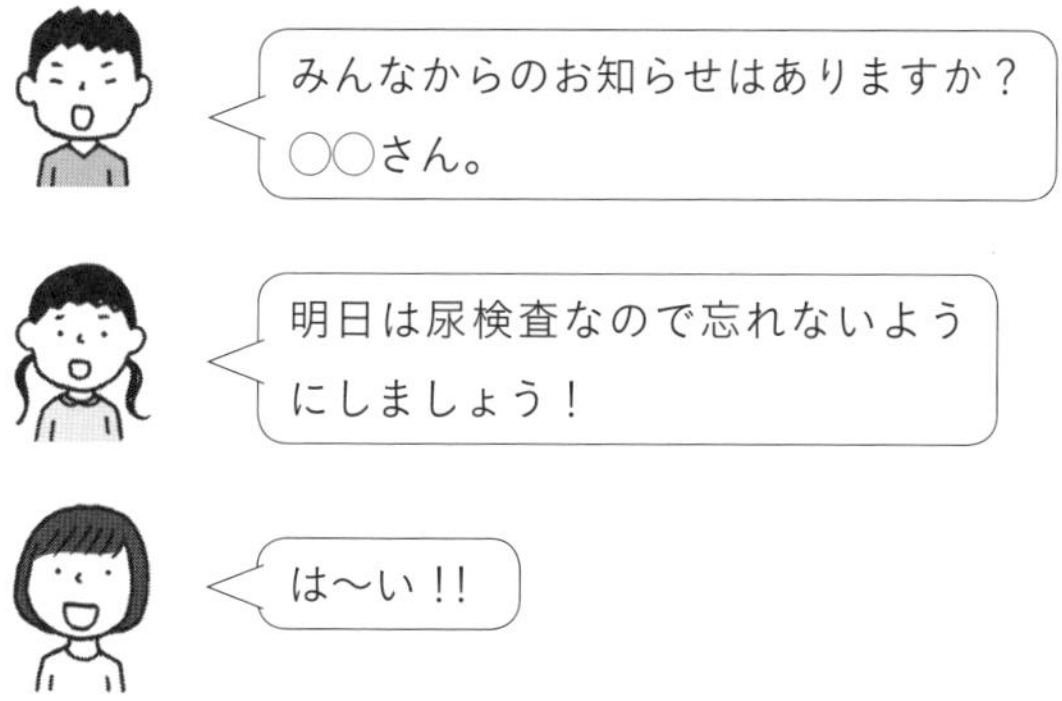
みんなからのお知らせはありますか？◯◯さん。
明日は尿検査なので忘れないようにしましょう！
は〜い!!

ポイント

なるべく子どもに言わせる！

13 検診時

検診では子どもに様々な注意点を指示することも多いでしょう。

初回は、教師がきちんと伝えることも重要です。

しかし、何度も行っているのに同じことを教師が指示するようでは、子どもを育てることはできません。

例えば、「私語は一切しない」「名前を言う」「あいさつをする」ということを指示するとします。

これらを「基本的な指示」では、端的に示していきます。なぜそうするか、理由もセットで伝えると子どもの意識に残りやすくなります。

レベルアップする際は、前回のことを思い出させ、子どもから注意点を言わせるようにします。

これまで何年間も行ってきている中学年から高学年では、初回の検診から子どもに言わせるのもよいでしょう。

ゆくゆくは、何も指示せずに検診会場に向かい、子どもの様子を見ます。

それでも、これまでの指導が積み重なっていれば子どもはしっかり考えてやります。教室に戻ったら、振り返りをして、何も指示せずに行ったのにしっかりできていた子を評価します。

もちろん、何も指示せずに検診に行くと、騒がしくなってしまうことが予想される場合などは、無理にこの段階にいかず、教室で注意点を確認してから行きましょう。

基本的な指示　注意すべきことを伝える

私語は一切しない。

名前を言う。

レベルアップした指示　子どもに注意点を言わせる

注意点は何ですか？

名前を言うことです。

さらにレベルアップした指示　何も指示せずに行い、振り返りをする

今日の検診は静かに行うことができました。

ポイント

子どもに考えさせる機会をつくる！

14 出張時

担任が出張で教室を空けるなど、教師が目の前にいないときに子ども達の本当の実力が試されます。

補教で他の先生の教室に入ると、そのクラスがどれだけ育っているかすぐにわかります。

すぐに騒がしくなり、課題に集中して取り組めないクラスもあれば、全員が何をすべきか理解しており、整然と取り組むクラスもあります。

出張時の指示を考えてみましょう。

私は、「基本的な指示」として事細かに指示をします。そしてそれを書いたメモを全員に渡しておくことにしています。「事細かに」とは、「1時間目〇〇をやる」などざっくりとした指示ではなく、「1時間目。計算ドリルをやる。終わった人は丸つけと直し。それも終えた人はプリントをやる。一枚終わったら答えを見に行って自分で答え合わせをする。三枚すべて終わったら自習。」など、終わったら何をやるかまでを詳細に指示することです。子どもがザワザワするのは、「何をしたらよいかわからない」からであることが多く、それを防ぐのです。

レベルアップする場合は、事細かに伝えるのは口頭にします。その上で概要を黒板に示しておくだけにします。子どもは一度で聞き取り、鋭い子などは連絡帳にメモします。
　ゆくゆくは、前日に概要を口頭で伝えるだけにとどめます。「1時間目の理科は前回の続きをしてください。」程度の概要を伝えます。子どもが育っているとこれでもしっかり取り組めます。もちろん、無理な場合はこのように子どもに任せてはいけません。他の先生に迷惑をかけてしまいます。

基本的な指示　事細かに指示を書いてメモを渡す

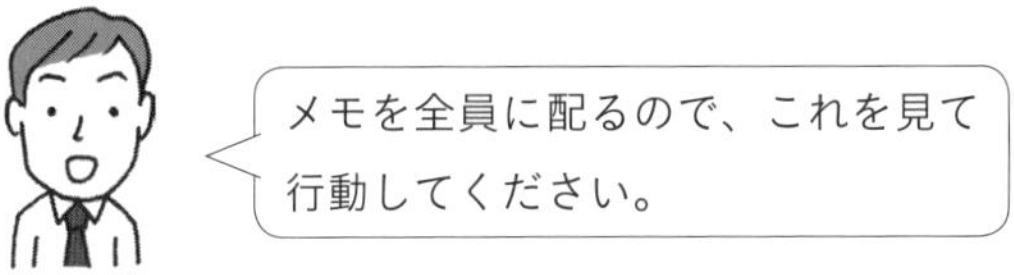
メモを全員に配るので、これを見て行動してください。

レベルアップした指示　指示は口頭のみにし、概要を黒板に書いておく

これから説明するので、よく聞いてください。

さらにレベルアップした指示　前日に概要を伝え、後はその場で判断させる

1時間目の理科は前回の続きをしてください。

ポイント

子どもが自分で考えて動けるように！

15 全校朝会後

年度初めの頃の全校朝会後、教室に戻ってきたら私は次のように子どもに尋ねます。

「校長先生の話は大きく分けて三つでした。一つでも言える人？」

朝会の前に「校長先生の話をしっかり聞きましょう。」などと指示するよりもよっぽど効果のある指示です。

ほんの5分前の話です。

それでも、意識して話を聞いていないと、なかなか手が挙がりません。

しかし、これを続けていくと、意識して話を聞くことができるようになってきます。

さらにレベルアップしていくには、「一つでも言える人」を「三つ言える人？」にしていくことです。

これだけでも、かなりレベルが上がります。

全校朝会の度に繰り返すと、子どもは真剣に校長先生の話を聞き、指を折って確認しながら話を聞くなどします。

そして、さらにレベルアップするには、話の内容とそれに対する自分の感想を言うことを求めます。

話を聞くということは、相手の言うことを正確に聞き取り、それに対して自分の考えを持つということです。それを「指示」を通して子ども達に求めていくことで、子ども達の意識は大きく変わっていくのです。

基本的な指示　一つでも思い出させる

校長先生の話を一つでも言える人は言ってください。

レベルアップした指示　数を増やす

校長先生の話を三つ言ってください。

一つ目は……。
二つ目は……。
三つ目は……。

さらにレベルアップした指示　感想まで考えさせ、発言させる

校長先生の話を三つと感想を言ってください。

〜の三つです。
私は……と思いました。

ポイント
指示を通して子どもの聞く姿勢、意識を変えていく！

16 学年だよりの配付時

学年だよりは、予定や持ち物などが書いてあり、子ども達にとって身近で重要な手紙の一つです。もちろん、保護者向きに発行されていますが、中学年以降であれば子ども達にも読ませ、自分のことは自分で把握できるようにしていきたいです。

学年だよりを読ませること自体が自立へ向けた指示になります。

「基本的な指示」では、教師と一緒に読み、確認するとよいでしょう。

「5月は様々な同意書を出してもらうことになりますね。みんなもそれを知っておきましょうね。お家の人は忙しいです。だからみんなが、これを書いてって伝えて思い出してもらうっていうのも重要ですよ。あと、その下に書いてあるように5月は絵具セットが必要になります。中身を確認しましたか。家の人だけに任せずに自分で確認するのですよ。」といった具合です。

レベルアップは、箇所を指定し、自分で読ませます。その後、教師と一緒に確認するとよいでしょう。

「今読んでもらったところには、何のことが書いてありましたか。そうですね。同意書です。これは、全員出してもらいます。自分から家の人に声をかけましょうね。」

ゆくゆくは、学年だより全体を読む時間を数分間とります。私は、「こうやって必要な情報を自分の力で読み取ります。そういうことができるようになるために皆は国語を勉強しているんだよ。」と伝えます。子どもは真剣に読みます。読んだ後は、「何を全員に提出するようにと書いてありましたか？」などと内容を尋ねたり、質問があるか問いかけたりするとよいでしょう。鋭い質問が出ることもあります。

基本的な指示　一緒に読んで確認する

みんなで読んでみましょう。

はい！

レベルアップした指示　箇所を指定して読ませる

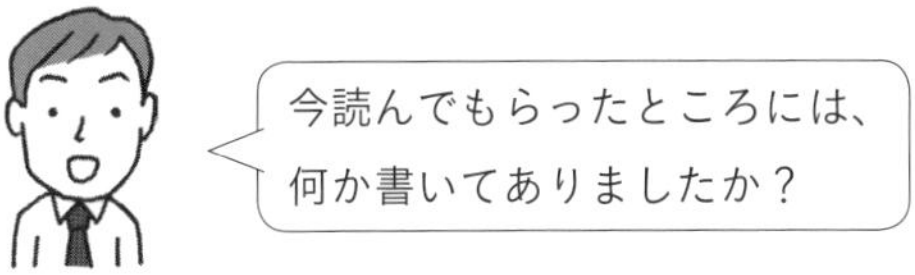
今読んでもらったところには、
何か書いてありましたか？

同意書です！

さらにレベルアップした指示　読む時間を数分間とり、内容を尋ねる

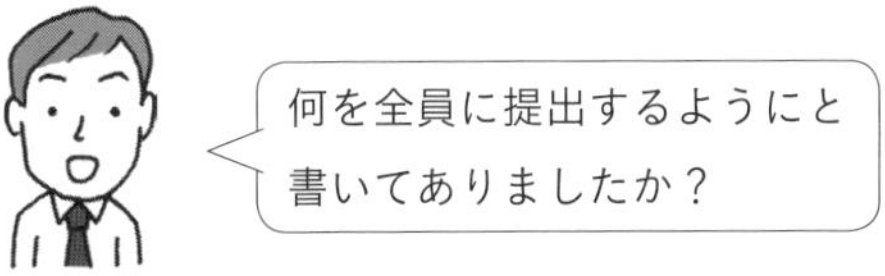
何を全員に提出するようにと
書いてありましたか？

（考えている）

ポイント

子どもが自分で読み、自分で把握する！

おわりに

「指示を通して子どもの自立を目指す」

これが本書に貫かれたテーマです。

「指示」を、教師から子どもに一方的に出すものであり、子どもは受動的になるものと捉えていると、このテーマは矛盾しているように読めてしまうでしょう。

しかし、本書を最後までお読み頂いた先生は、「指示」に対する見方がきっと変わってきているはずです。

本書で紹介している指示観及び具体的指示は、教師の思い通りに子どもを動かすことだけを指示の目的としていません。

もちろん、学校生活を進めていく上では教師の思い通りに、子どもに動いてもらわなくてはいけないことが多々あります。それは紛れもない事実です。

ですから、動かさざるを得ないときはわかりやすく、子どもがストレスなく動ける指示を目指すべきです。しかし、それは決して「ゴール」ではないのです。

指示を通して子どもを自立させていくためには、教師自身がそうしたビジョンを明確に持たなくてはいけません。

一つの指示がとても効果があり、子どもがサッと動けたり意欲的に活動したりしたからといって、一年中その指示にこだわって子どもを動かしていては、子どもは育っていかないのです。

そのため、本書で述べてきたように「指示（の工夫）を抜いたり、なくしたりしていく」ことが重要となってきます。

子どもの自立に向けて、教師は子どもに出す指示のレベルを適宜コントロールしていく、という新たな「指示観」を本書では提案しました。

お読み頂いた先生方の「指示観」が深化するきっかけに本書がなれば、こんなに嬉しいことはありません。

最後に、本書執筆にあたり様々な助言、協力を頂いた学陽書房の河野史香さんにこの場を借りて御礼申し上げます。企画段階から私の伝えたいことをまとめるのにご苦労頂きましたが、お蔭様でこうして形にすることができました。本当にありがとうございました。

土居　正博

参考文献

岩下　修（１９８６）『「指示」の明確化で授業はよくなる』明治図書出版
岩下　修（１９８８）『ＡさせたいならＢと言え』明治図書出版
大西忠治（１９８８）『発問上達法』民衆社
加藤辰雄（２０１５）『クラス全員を授業に引き込む！　発問・指示・説明の技術』学陽書房
加藤辰雄（２００９）『誰でも成功する　授業での説明・指示のしかた』学陽書房
桔梗友行（２０１５）『新任３年目までに身につけたい　クラスを動かす指示のルール』学陽書房
楠木　宏（２０１６）『指示は１回』東洋館出版社
白井一之（２０１３）『場面別でよくわかる発問・指示の極意』明治図書出版
根本正雄（１９９１）『指示の技術』明治図書出版
向山洋一（１９８７）『子供を動かす法則』明治図書出版
向山洋一（１９８５）『授業の腕をあげる法則』明治図書出版
深澤　久（２００９）『鍛え・育てる　教師よ！「哲学」を持て』日本標準
福山憲市（１９９７）『一人ひとりを見つめる子ども研究法の開発』明治図書出版
堀　裕嗣（２０１２）『一斉授業１０の原理・１００の原則』学事出版

著者紹介

土居 正博（どい・まさひろ）

1988年、東京都八王子市生まれ。創価大学教職大学院修了。川崎市公立小学校に勤務。国語教育探究の会会員（東京支部）。全国大学国語教育学会会員。全国国語授業研究会監事。教育サークル「深澤道場」所属。教育サークル「KYOSO's」代表。『教師のチカラ』（日本標準）編集委員。「第51回わたしの教育記録」（日本児童教育振興財団）にて「新採・新人賞」受賞。「第52回わたしの教育記録」にて「特別賞」を受賞。「第67回読売教育賞」にて「国語教育部門優秀賞」を受賞。『教育科学国語教育』（明治図書出版）、『教育技術』（小学館）、『教師のチカラ』（日本標準）などに原稿執筆多数。著書に『クラス全員に達成感をもたせる！1年生担任のための国語科指導法―入門期に必ず身につけさせたい国語力―』『教員1年目の教科書　初任者でもバリバリ活躍したい！ 教師のための心得』（ともに明治図書出版）などがある。共著に『「めあて」と「まとめ」の授業が変わる「Which型課題」の国語授業』（東洋館出版社）などがある。

子どもの聞く力、行動する力を育てる！　指示の技術

2021年9月22日　初版発行
2023年2月27日　5刷発行

著　者――――土居《どい》 正博《まさひろ》
発行者――――佐久間重嘉
発行所――――学 陽 書 房
〒102-0072　東京都千代田区飯田橋1-9-3
営業部――――TEL 03-3261-1111／FAX 03-5211-3300
編集部――――TEL 03-3261-1112
http://www.gakuyo.co.jp/

ブックデザイン／スタジオダンク
第1～4章イラスト／尾代ゆう子　第5章イラスト / 坂木浩子
DTP制作／越海辰夫　　印刷・製本／三省堂印刷